国家出版基金项目
NATIONAL PUBLICATION FOUNDATION

国家“十三五”重点图书出版规划　广东省原创精品出版项目

中国房地产与宏观经济研究丛书

中国住房制度改革：新机制与新模式

倪鹏飞　著

China's Real Estate and Macroeconomic Studies Series

SPM
南方出版传媒
广东经济出版社
—广州—

图书在版编目（CIP）数据

中国住房制度改革：新机制与新模式／倪鹏飞著．—广州：广东经济出版社，2019．2

ISBN 978-7-5454-6842-7

Ⅰ．①中…　Ⅱ．①倪…　Ⅲ．①住房制度改革-研究-中国　Ⅳ．①F299．233．1

中国版本图书馆CIP数据核字（2019）第231479号

出 版 人：李　鹏
责任编辑：张晶晶
责任技编：陆俊帆
封面设计：朱晓艳

《中国住房制度改革：新机制与新模式》
Zhongguo Zhufang Zhidu Gaige：Xinjizhi Yu Xinmoshi
倪鹏飞　著

出版发行	广东经济出版社（广州市环市东路水荫路11号11～12楼）
经销	全国新华书店
印刷	佛山市迎高彩印有限公司 （佛山市顺德区陈村镇广隆工业区兴业七路9号）
开本	787毫米×1092毫米　1/16
印张	11
字数	140千字
版次	2019年2月第1版
印次	2019年2月第1次
书号	ISBN 978-7-5454-6842-7
定价	58.80元

广东经济出版社官方网站：**http://www.gebook.com** 微博：**http://e.weibo.com/gebook**
图书营销中心地址：广州市环市东路水荫路11号11楼
电话：（020）87393830　邮政编码：510075
如发现印装质量问题，影响阅读，请与承印厂联系调换
广东经济出版社常年法律顾问：胡志海律师

目　录

第一章　问题提出与重要意义

住房与房地产的稳健发展具有多重重大意义。从家庭的角度看，住房不仅是栖身之地，而且是财富及发展的基础，还是家庭的安全保障，甚至是心灵的港湾。从国家的角度看，就两大部门：不动产部门和动产部门，房地产业所占比例很大。起初没有这样分析，过去曾认为：房地产是服务行业，增加值占 GDP 的 3%。从发展的角度看，房地产是工业化与城市化关系的基础载体和容器。中国革命的根本问题是农民问题，中国发展和现代化的根本问题也是农民问题，要让农民变市民，住房就是这个伟大事业的基础工程。从稳定的角度看，房地产和住房问题解决得好有利于社会稳定和政治安全；相反如果出现严重的问题，在影响经济和社会的同时，最终会影响社会稳定和政治安全，不利于国家长治久安。因此，完善基础制度，形成长效机制，确保住房和房地产稳健、可持续发展十分重要。

第一节　根治房地产问题需要相关基础性制度和长效机制

一、改革开放四十年中国住房发展取得了巨大成就

从中华人民共和国成立后到改革开放前，计划经济体制下的城镇住房福利制度存在诸多弊端，住房投资严重不足导致全国城市陷入住房严重短缺的困境。1978 年和 1950 年相比，人均居住面积由 4.5 平方米下降到 3.6 平方米，缺房户 869 万户，占当时城镇总户数的 47.5%。

改革开放以来，中国房地产业迅速崛起使城镇居民住房面积、住房质量和住房成套率得到大大改善（见图 1－1）。从 1978 年到 2018 年，城镇居民人均住房面积从 6.7 平方米增长到约 39 平方米（依据户籍人口计算），增加 32.3 平方米。与此同时，还促进了基础设施、公共服务和居住环境显著改善；减轻了企业负担，促进了企业经营机制的转化；减轻了财政负担，增加了财政收入；促进了住宅需求和住房投资，带动了国民经济的发展。

与此同时，改革开放后，农民收入提高，农民的建房能力和热情大幅提高。中国农民经历了四次建房浪潮：从 20 世纪 80 年代的土坯变砖瓦，到 20 世纪 90 年代的砖瓦变砖混，再到 21 世纪初的砖混变楼房，再到 2010 年的楼房变城镇住房。农村住房面貌发生了翻天覆地的变化，农村住房建设取得了巨大成就，农民人均居住面积从 1978 年的 8.1 平方米增长到 2018 年的 47.3 平方米，增加 39.2 平方米。

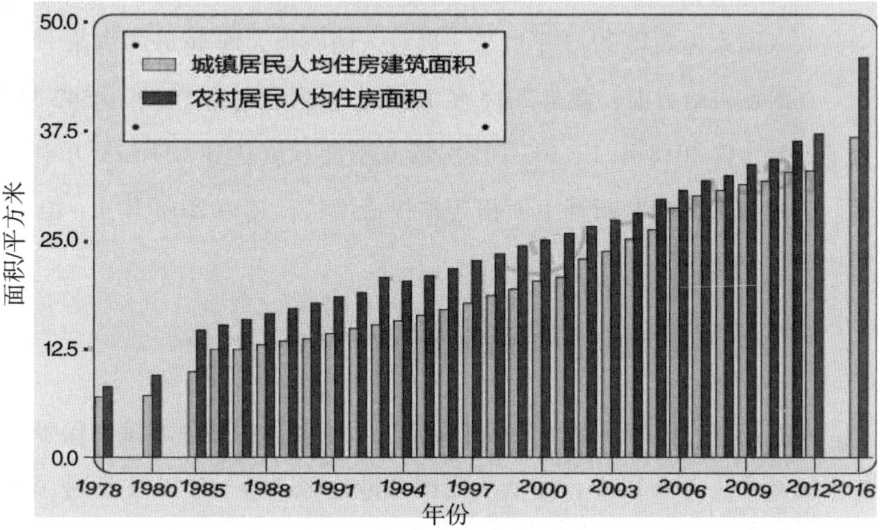

图1－1　1978—2016年中国城乡居民住房情况

资料来源：国家统计局《中国统计年鉴》等。

注：因城镇居住情况的统计口径调整，上述图表中1978年至2005年的原数据名为“城市人均住宅建筑面积”，2006年至2016年的原数据名为“城镇居民人均住房建筑面积”。

二、近年来中国住房发展面积总量与结构均失衡

1. 存量水平超前，潜在供给巨量

在存量方面，2010年国家电网的调查显示，全国660个城镇住宅电表连续6个月为零读数的住宅达到6 540万套，当前住房空置率超出10%以下的合理区间。国家统计局2016年公布数据显示：以中国城镇住宅建筑面积高达290.2亿平方米推算，2017年城镇居民人均住房建筑面积已达37.6平方米，远高于规划中的2020年人均35平方米的目

标，户均高达 1.16 套。根据不同收入国家人均居住水平的划分标准，中高收入国家为人均 29.3 平方米，高收入国家为人均 46.6 平方米。

在潜在供给方面，截至 2018 年 10 月，全国住宅施工面积达542 344 万平方米，仅 2018 年 1—10 月住房新开工面积就达到 123 875 万平方米。并且施工面积和新开工面积还在快速增长，其中 2018 年 1—10 月同比增长 19%。

2. **供需严重错配，五大结构问题**

商品住房比例高，保障住房比例低。目前我国内地各城镇的保障性住房比例多在 30% 以下，远低于我国香港地区、新加坡以及欧洲（包括社会住房）50% 左右甚至以上的水平。

自有住房比例高，租赁住房比例低。国家统计局报告显示：到 2010 年底，全国城镇居民家庭自有住房率为 89.3%。2010 年人口普查住房自有比例为 74.9%，2015 年小普查统计为 79.2%。

特大、超大城市住房少，中小城市、小城镇住房多。2016 年一线城市人均居住面积，上海市是 35 平方米，北京市不到 32 平方米，广州市不到 25 平方米，深圳市不到 20 平方米。而二线城市人均居住面积则为 35 ～ 45 平方米，三、四线城市人均居住面积普遍都超过了 40 平方米，为 40 ～ 50 平方米。

高收入家庭住房多，低收入家庭住房少。2010 年人口普查显示：收入最低的 10%、20% 城镇家庭户使用的住房面积占比分别为 2.3%、6.2%，收入最高的 10%、20% 城镇家庭户使用的住房面积占比分别为 21.8%、39.4%。2015 年小普查数据显示：收入最低的 10%、20% 城镇家庭户使用的住房面积占比分别升至 2.8%、7.2%，收入最高的 10%、20% 城镇家庭户使用的住房面积占比分别降至 19.6%、36.9%。

户籍人口住房多，外来人口住房少。《2017 年农民工监测调查报告》显示：进城农民工人均居住面积为 19.8 平方米，比 2016 年提高 0.4 平方米。城市规模越大，进城农民工人均居住面积越小。在人口 500 万人以上的城市，农民工人均居住面积为 15.7 平方米。

三、近年来住房发展积聚了三大主要风险

1. 房地产市场存在结构性泡沫或将破裂或再放大的双向风险

第一，楼市结构性泡沫比较严重。首先，一、二线城市房价泡沫高悬。2017 年总体房价收入比为 1∶7.5，一些重点城市的房价收入比已在1∶10以上，远超过合理区间（1∶3.6）。35 个大中城市为 1∶10；一线城市为 1∶30，其中北京为1∶40。其次，数量泡沫是“水漫金山”。中共中央财经工作领导小组办公室、国家电网公司从每户电表数据测度，一年一户用电量不超过 20 度被认为是“空置”。2017 年，大中城市房屋空置率是 11.9%，小城市房屋空置率是 13.9%，农村房屋空置率是 14.0%。目前的状态是价格泡沫越高的城市价格越泡沫，数量泡沫越高的城市数量越泡沫。

第二，楼市存在剧烈性下挫风险。存在较大泡沫的重点城市的楼市，在走完较长高涨期而迈入调整期后，“完善促进房地产市场平稳健康发展的长效机制，坚持调控目标不动摇、力度不放松”的政策信号，将使市场放松调控的希望逐渐落空，在越来越多的一、二线城市价格下降松动背景下，若有意外事件冲击，有可能导致市场预期急剧逆转，带来价格下降失速。进而可能导致企业资金链断裂、家庭资产大幅缩水、金融机构的呆账和坏账增多等一系列连锁反应，从而影响经济的稳定发展。

第三，楼市存在快速反弹上行风险。尽管 2018 年 9 月以来出现预期逆转和决策犹豫的情况，但是由于上行的因素存在，如果采取放松调控的办法，房地产市场完全有可能出现报复性反弹，过去的故事又会重演，房地产调控不仅前功尽弃，而且将失去最后解决房地产问题的时机，未来楼市可能以更高价格和更大数量泡沫破灭，带来更大的风险和隐患。从时间上看，解决这一问题的窗口就在 2025 年之前。因为中国大规模城镇化将在 2025—2030 年大致完成，一户一卧的需求和老旧住房改造也将在 2025 年前后解决。

2. 房地产金融存在杠杆率迅速高升和违规加杠杆的风险

第一，开发企业负债率过高，融资方式复杂。Wind 数据测算，截至 2018 年第一季度末，上市房企的整体负债率高达 79. 42%，20 家公司资产负债率超过 85%，有近一半的企业资产负债率超过 70%，多数企业超过国际公认的 60% 红线。与此同时，2018 年开始上市房企将有数千亿规模的债务要到期偿还，但销售回款却呈现放缓趋势。部分房企违反自有资金购地的规定，购地资金杠杆率高达 7 ～ 8 倍。与此同时，部分房企的融资渠道多样、多层嵌套、明股实债、模式复杂。若房价下降过快使企业资产负债表恶化，也将加剧房企资金链断裂并提高资金违约风险。

第二，居民住房资产负债都比较高，居民购房存在违规加杠杆。首先，杠杆率迅速高升。2017 年末杠杆率已达 49. 0%，虽然低于发达经济体 76. 1% 的平均水平，但 2017 年居民部门债务占可支配收入比重达到 110. 9%，高于美国家庭部门 108. 1% 的杠杆率水平。然后，抵押贷款占住户贷款比例增高。2008—2017 年，个人住房贷款余额从 3. 0 万亿元增至 21. 9 万亿元，占住户部门贷款余额的 45% ～ 54%。其次，住房资产比重迅速提升。根据中国家庭金融调查，2017 年房地产资产占居民总资产比重达 73%，远高于美国的水平。再次，住房贷款价值比例偏高。中国居民购房抵押率（LTV）自 2012 年以来尤其是在 2016 年加速上行，2017 年达到 59.3%（中国人民银行测算），超过美国 2007 年次贷危机爆发之前的水平。如果房价降幅超过 50% 已回到合理区间，则不少家庭的“贷款价值比（LTV）”将小于 1，将面临“弃房弃贷”的断供违约风险。最后，部分购房者利用短期消费贷款降低首付比。居民新增短期消费贷款 2016 年为 6 000 多亿元，2017 年增至 1.8 万亿元以上，2018 年居民短期消费贷款月均新增 1 600 多亿元，余额增速为 30% 左右。增加了短期偿债压力、债务杠杆率和贷款价值比。

第三，金融机构的住房贷款比例高，房地产风险多渠道威胁金融体系。首先，银行对房地产行业的信贷敞口较为集中。房地产贷款余额占各项贷款余额比重从 2017 年 9 月的 26.10% 上升到 2018 年 9 月的 29.53%，房地产市场剧烈波动直接威胁银行业的信用。其次，房企融资方式多样。通过信托、资管计划等各类非银渠道融资，存在融资模式复杂、多层嵌套的问题，其风险有可能通过以上渠道传导至金融体系。最后，大量贷款以房地产做抵押。无论是企业、政府还是居民，其贷款均以住房和土地做抵押。房地产价格波动将导致风险向金融业传导。房地产价格波动会对众多上下游产业的财务经营状况产生影响，反过来影响金融体系。

3. 宏观经济运行存在过度依赖房地产的风险

房地产行业对宏观经济具有十分巨大的作用，但是房地产市场存在的问题使得宏观经济潜藏不小的风险，这主要表现在以下几点。

第一，房地产债务上升影响宏观经济的金融风险。首先，房地产贷款比例过高增加宏观经济风险。中国新增房贷占 GDP 比重快速增长，2016 年达到 4.5%，2018 年 1—10 月达到 8.1%，超过日本历史高点的 3.0%，超过美国历史峰值的 8.0%。其次，住房按揭贷款的迅猛增长导致总债务风险上升。国际清算银行数据显示，中国总体债务率自 2008 年的 142% 迅速上升到 2016 年末的 257%，2018 年第一季度更是达到 264%，其中住房抵押贷款增长贡献很大。

第二，住房资产高占比带来宏观经济的运行风险。根据保守的测算，2017 年中国房地产市值上升到 270 万亿元。而据国家统计局的初步测算，截至 2013 年，中国国家总资产为 691.3 万亿元，其中住房资产占有较大比重，而住房资产因为价格泡沫无疑是占比虚高，未来住房价格变化将会给国家资产负债表及宏观经济运行带来风险。

第三，房地产经济高占比导致产业空心和经济泡沫。2018 年前三季度，房地产投资占固定资产投资的比重达到 18%，占 GDP 的比重高达 13.6%，房地产投资对 GDP 增长的贡献为 0.5% 左右。房地产及相关产业占 GDP 的比重高达 20%。房地产经济在宏观经济中的比重过大和持续高速增长，不仅导致经济结构扭曲，产业空心化、经济房地产泡沫化，严重影响经济转型升级和科技创新，而且会给宏观经济平稳运行埋下隐患，一旦房地产投资出现停止与逆转，必将对就业、收入、金融等产生重大影响。

四、制度改革步履蹒跚使问题加剧

1. 问题的根源在于制度和机制

住房制度与整体市场制度设计的不完善和不配套，引起参与主体的预期目标与总体设计的目标产生偏差，导致参与主体的行为扭曲和冲动。因此，要从根本上解决住房问题，必须结合国家整体经济社会体制的改革，对住房制度与政策实施顶层设计，建立包括制度环境和核心制度在内的整套制度体系，让主体的目标和行为符合国家的预期绩效目标，形成主体行为决策趋近绩效目标的激励约束机制，从而实现预期的博弈均衡。

2. 制度改革推进依然缓慢

改革导致房地产问题的基础制度，建立房地产稳健发展的长效机制，已经启动十年但进展不快，除了存在一些技术性问题外，还有以下原因。

第一，涉及基础制度的改变，改革存在不确定性风险，客观上需要慎重。财税体制和土地制度是国家根基性制度，其变革关乎国家财政能力和百姓生活保障，以及经济发展和社会稳定，因而只能成功不能失败，客观要求审慎推进。

第二，涉及重大利益的调整，改革缺乏动力或遇阻力。房地产税开征涉及千家万户的利益，尤其可能导致某些阶层的利益损失，其代表总在以各种身份和借口进行阻挠和反对，相关部门和地方政府也存在畏难情绪。

在此背景下，采取了“避实击虚”之策。首先，建立住房市场监管机制。尤其是通过建立行政调控机制，在一定程度上解决包括地方政府在内的市场主体的约束问题，虽然起到一定的“退烧”效果，但没有解决“发炎”的根本问题，也产生一定的并发性问题。其次，发展租赁市场。但只治租赁之表，没有切除导致租售根本之瘤，目前不能解决销售市场的老问题，还可能引发租赁市场的新问题。

3. 行政调控弊端逐渐凸显

行政管制是市场突发异常时采取的临时性行政措施，以保持市场暂时稳定，为恢复市场秩序争取时间。因为拥有强大的能力和资源，短期内政府的行政性措施是有效、有力的。但是长期过度使用行政措施，会产生大量意料不到的问题，导致市场乱象，增加市场风险。

首先，行政调控作用在下降。由于基础制度迟迟没有推出，此前的行政调控被迫长期化，尽管力度在加重，范围在扩大，但政策效果在边际下降。地方政府通过各种“创新”措施来变相放松调控。

其次，破坏了市场调节机制。行政管制措施使得价格和供求信息缺乏和失真，从而使价格、供求和竞争三大市场机制无法发挥有效调节作用。

再次，扭曲了市场供求关系。长期限制购买的措施，造成市场短缺的氛围，从心理预期上更刺激了需求。限价令造成了市场恐慌，强化了房价上涨的预期并刺激了炒房需求，导致了新房与二手房、新房与土地价格倒挂，使可售住房供给人为下降，削弱了开发企业购地和再开发的意愿，致使住房短缺、城市缺口进一步扩大。

最后，导致房地产泡沫扩展。行政性限制措施还使得非限购城市依次成为炒房“目的地”，从而催生了更大范围城市房地产价格和数量泡沫。没有限购的城市，加快土地供给和住房供给可能导致未来的严重过剩。

第二节　新时代需要相关基础性制度和长效机制

一、实现全面小康的目标，要求深化住房制度改革

人口结构决定住房需求，城市化过程中，城乡人口的迁徙和流动已经对过去的城乡住房供求产生了显著影响，并将继续对未来的城乡住房供求状况产生显著影响。

中国经历40多年改革开放的高速发展，城镇化迈入以人为核心的新型城镇化阶段，经济发展水平正在跨向高收入阶段，全面小康日益接近，这决定了中国住房需求正趋向高级化、服务化和投资化，决定了新市民即城镇非户籍常住人口的住房需要有条件地加以解决，也决定了住房市场与住房保障需要协同一体。住房制度要顺应上述变化而变化，支持“住”，抑制“炒”。

1. 城乡人口的迁徙与流动继续加速

1978—2018年，中国的人口城镇化率从17.92%上升到接近60%。这次人类历史上最大规模的从乡村到城市的人口大迁徙，到目前共经历了三个阶段。

第一阶段，城镇化的前期（1978—1995年）：农村经济发展释放的剩余劳动力流出，允许知青返城，乡镇企业和小城镇发展，使城镇化和城镇人口稳步提升。从1978年到1995年，常住人口城镇化率从17.92%上升到30.48%，年均增长0.64%。城镇化处在加速的积聚期，

农村人口主要向小城镇和东部新兴城市聚集。

第二阶段，城镇化的中前期（1996—2010 年）：外向工业化高速发展，大量的农村劳动力到城镇就业，但是家眷多在农村，其自身户籍仍在农村，常住人口城镇化迈入加速期，但户籍人口城镇化率提升相对较慢。全国城镇人口总量由 3.6 亿上升到 6.66 亿。1996—2010 年，常住人口城镇化率从 30.48% 上升至 49.95%，年均增长 1.37%。户籍人口城镇化率从 24% 上升至 34%。人口主要向大城市和中心城市聚集，向东部沿海地区流动。

第三阶段，城镇化的中后期（2011—2018 年）：常住人口城镇化稳步增长的同时，由于 2013 年后劳动力变得相对短缺，户籍人口城镇化提速。全国城镇人口总量由 2010 年的约 6.66 亿上升到 2017 年的 8.135 亿。2011—2018 年，城镇化率从 51.27% 上升至近 60%。户籍人口城镇化率从 2011 年的 34.70% 上升到 2016 年的 42.35%。

未来 15 年，中国城镇化将在变化中持续提升。一方面，城镇化提升速度将会平稳下降。从 2020 年到 2035 年，城镇化有可能从每年提升 1% 的速度逐步回落到城镇化前期的每年提升 0.5% 的速度，年均增长在 0.7% 以上。预计到 2035 年中国城镇化率将超过 70%，多数城市区域的城镇化水平将超过 70%。另一方面，户籍人口与常住人口城镇化的差距和区别将缩小，更多的乡村人口向城市移动的方式将从个体迁移转向家庭迁移，更多的家庭将从“职城住乡”“职住异城”向“职住同城”转变。

2. 城镇规模和形态发生重要变化

城市崛起的基本主体——城市及其规划、建设和管理全面提速。1978 年城镇在广袤的中国大地上还寥若晨星，但是短短 40 多年时间，经历三个阶段，城市在中国大地上已星火灿烂。

第一，以数量扩张为主的小城市、小城镇发展阶段（1978—1995年）。众多的中小城市和小城镇像雨后春笋般涌现，沿海地区成为城镇数量扩展的热点。1978年小城镇和小城市分别为2 173个和193个，到1995年分别达到17 532和640个。其中，1992年建制城镇的年增量达到1 227个的峰值，1995年城市的年增量达到55个的峰值。

第二，以规模扩展为主的大中城市发展阶段（1996—2010年）。城市规模迅速扩大，大中城市、全国和区域中心城市的新城区成为发展的热点（详见表1-1）。小城镇数量从1996年的17 770个增长到2010年的20 113个。城市数量从1996年的666个下降到2010年的657个。

表1-1　中国城市人口规模分布（1982—2017年）

城市类型	按城区规模分类	1982年	1990年	2000年	2006年	2010年	2014年	2017年
大城市及以上	100万人以上	25	31	38	59	62	69	78
中等城市	50万～100万人	27	29	54	85	96	96	99
小城市	50万人以下	186	329	573	511	499	493	456

注：根据国家统计局等数据库相关数据资料整理而成。

第三，以人口扩散为主的都市圈发展阶段（2011—2018年）。全国人口主要向都市圈和城市群聚集，中心城区人口、产业向外扩散，中小城市（镇）所拥有的人口数量在全部城镇人口中所占的比重甚至有所下降。随着城镇规模扩大和空间蔓延，先进道路交通通信技术和工具的应用，以及城镇之间经济分工与协作联系的加强，都市圈和城市群逐步显现，以城市群为主体，大、中、小城市竞合发展的网络体系正在形成。建制城镇从2013年的20 113个上升到2018年的20 654个。未来15年，受城镇化规律使然，加上城市内外快速交通体系的建设和不断完善，中国城市形态将经历从都市圈主导即中心城区向都市圈扩散，到城市群主导即都市圈向城市群扩散，再到都市带及都市网主导即群与群之间的蔓延和链接，逐步定型，从而形成以城市群为主体，大、中、小城市和小城镇协调发展的城市格局。

3. 城镇化空间出现重大调整

第一，中国城市区域发展将经历重大变化。从人口向东部聚集，转向人口向中部回流。从先前贫穷的东南沿海边陲小镇持续崛起，原来繁荣的东北龙头中心相对衰退；再到东中一体和中部崛起。

第二，中国城市层级发展将经历重大变化。从最初人口向一线城市聚集，一线城市快速崛起，转向人口向二、三线城市扩散，二、三线城市快速发展。

第三，中国都市空间发展将经历重大变化。从最初人口向小城镇接着向中心城市再向大都市周边，从遍地开花的小城镇到中心城市发展，再转向大都市周边的小城镇和中小城市发展。《中国城市建设统计年鉴》数据显示：2010—2016 年，城区人口密度有 64 个城市大幅增加，56 个城市显著增加，139 个城市有所增加，95 个城市显著下降，67 个城市有所下降。

二、实现“住有所居”的目标，要求深化住房制度改革

2013 年，中国住房结束了极度短缺时代，基本实现“一户一房”或“一户一宅”的“住有所居”目标。随着中国进入高质量发展的新时代，人均住房在数量继续扩大的同时质量也要进一步提升。预计到 2035 年中国城镇居民人均住房面积达到 45 平方米，从而达到人均一卧的目标。同时要求住房功能完善、设施智能、服务配套。与此同时，在

中国住房总体进入饱和阶段，实现新市民在城镇“住有所居”和进一步改善居民住房条件，成为住房发展新目标。此目标同时也为住房制度改革创造了条件。住房短缺时代结束，行政干预可以逐步减少，从而让市场在住房发展方面发挥更大的决定作用。与此同时，存量住房比例增长，投资住房比例增加，住房消费升级，新市民住房短缺，要求建立和完善投资服务、过滤消费、租赁交换、货币分配的相关制度。

第三节　住房特殊性要求建立针对性基础性制度和长效机制

一、“量价同向变动”对房地产调控目标兼容构成挑战

促进房地产稳定、健康发展是一直强调的目标，中央政府实际调控目标是房价稳定（或下降），销售量增长，以促进经济更快增长和居民住房尽快改善。但房地产具有投资属性，不完全遵循普通商品的供求与价格关系规律，从而使调控效果事与愿违。过去 10 多年，每遇房价暴涨，政府即采取紧缩政策，在抑制了房价暴涨的同时，也暂时抑制了房地产的开发供给量和销售量，为接下来的供给短缺、需求爆发和房价暴涨埋下了危险的种子；每遇房地产投资减缓，政府便采取扩张政策，在促进销售增长的同时，引起了价格更快增长。

二、“三需混合一体”对房地产调控的精准发力构成挑战

在相关制度缺失的情况下，支持消费、引导投资和抑制投机是过去

住房调控政策的重要内容和趋向，但三者难以区分，有些甚至混合一体，这对房地产调控是一个严峻的挑战。从过去政策的实践和效果看，如杀死癌细胞可能伤及良性细胞一样，政府出台促进消费的政策，往往被投资和投机利用，政策虽在一定程度上促进了一些消费，但也大大刺激了投资和投机；而政府出台的抑制投资和投机的金融与税收政策，虽在一定程度上抑制了投资和投机，但常常造成对消费的误伤。

三、市场非理性预期不确定性对房地产调控的布局构成挑战

经济形势艰难、复杂、多变，传媒资讯发达、快捷，市场经济体系及相关制度不完善，使得市场预期非理性增强，预期影响因素不确定性增加，羊群效应和踩踏效应放大。应对不确定性因素和调控政策调整所引发的预期不确定性变化，是对房地产调控的高难动作。过去 10 多年里，每次调控政策出台前后的谣言、误读和过度解读，以及许多意想不到的微小事件经过媒体和开发商炒作，引发预期瞬息转变和市场剧烈波动，使房地产调控无法达到预期效果。

四、市场空间分化对房地产的总量政策调控构成严峻挑战

中国是一个幅员辽阔、人口众多的国家，且正在进行人类历史上规模最大的城市化。城市间经济社会发展的基本面决定的市场差异，要求调控必须因城施策。但是，一方面，作为一个全国性的总量政策，宏观政策尤其是货币政策和信贷政策很难形成差异化；另一方面，不同城市对总量政策差异化反应，将严重扭曲调控的初衷。过去 10 多年里，由于城市间经济基本面等差异，在出台扩张性的调控政策时，一、二线城

市得益更大；在出台紧缩性的调控政策时，对三、四线及以下城市影响更大。经济基本面等因素的分化，加剧了房地产市场的分化，导致一、二线城市房价持续高涨与三、四线及以下城市库存积压严重的冰火两重天。

五、调控政策时滞及其差异化，对调控本身提出严峻挑战

房地产再生产过程长决定财税、金融和土地等政策变量的调整效果都具有滞后性且滞后时间不同，这需要在精确预测未来市场形势的前提下，提前适时、用力适度、搭配精准、调整主动地使用相关政策变量，在市场形势越来越复杂多变的情况下，无论精准预测还是科学决策，都十分困难。过去 10 多年，总体调控指导意见一般在上一年的 12 月和当年的 3 月出台，具体政策出台均在市场形势严重偏离目标后，为了达到立竿见影的效果，通常采用过度用力和连续加码的逆向调控“组合拳”政策。由于政策变量具有差异化的时滞效应，个别政策发挥效应时，一些目标已经过了，另一些目标仍不及，整体政策发挥效应时，市场严重偏离总体目标。

六、房地产及宏观经济变量反响不一，对调控提出严峻挑战

房地产与宏观经济的一些变量之间，房地产内部一些变量之间，在不同时间点存在不同的变化趋势，宏观政策对这些变量的影响也不相同。金融、财税政策调整对住房价格及投资等住房市场核心变量都存在重要影响，但相同的政策工具对房价和房地产投资具有强弱有别的不对称性冲击。

另外，经济体制要求深化住房制度改革。党的十八届三中全会确定，2020 年前应建成成熟定型的社会主义市场经济制度体系。作为重要组成部分的基础住房制度，不仅要深化改革，而且要与整体改革协调、配套推进，改革目标也应与整体制度改革目标相配套、相适应，务必在 2020 年建成基础住房制度体系，形成系统的长效机制。

第二章　住房制度理论与政策框架

第一节　文 献 回 顾

一、住房与房地产问题制度与机制的形成原因

解决我国住房和房地产的问题，需要深入理解其背后的原因，尤其是基础性制度以及由此形成的机制问题。

在住房和房地产问题产生的非制度性原因方面。早在21世纪初，伴随房价的快速上涨，学术界就开始讨论房地产泡沫的问题。主流观点认为过度投机是导致房地产泡沫的主要原因。其中，袁志刚等（2003）从预期、银行信贷、政府土地、税收政策等角度分析了房地产泡沫的形成原因。姜春海等（2005）进一步明确了中国房地产泡沫的主要成因是住房投机和预期。任泽平（2016）对比了1991年日本房地产泡沫、1998年东南亚房地产泡沫和2008年美国房地产泡沫等全球几次大的房地产泡沫事件，发现有以下几个共同原因：一是在开始形成阶段均有基

本面支持；二是与流动性过剩密切相关；三是与政府支持、金融创新过度、监管缺失等有很大关系。另外，也有部分学者从其他视角研究房地产泡沫的成因。高波等（2006）认为人民币升值预期和人民币升值压力的货币化加剧了房地产泡沫。刘民权等（2009）认为地方政府的自批租商业用地的财政利益是推动地价、房价持续上升并最终形成房地产泡沫的内在动力。王永钦等（2011）指出住房供给弹性、税收和购房首付比率等房产政策对房地产泡沫的生成有重要影响。张川川等（2016）则认为收入不平等是导致中国房价泡沫化的重要原因。

在住房与房地产问题的制度与机制原因方面。陈小亮等（2018）构建了以中央政府为委托人、以地方政府为代理人、包括促增长和控房价两项任务的委托—代理模型。研究发现：中央政府对地方政府的考核侧重于经济增长，忽视了对房价的考核，导致地方政府缺少控房价的激励。且在经济面临较为严峻的下行压力时，中央政府本身也缺乏控房价的激励，导致其出台的政策缺乏连续性和可置信性，这进一步弱化了地方政府控房价的激励。易成栋等（2018）利用 CMO（情境—机制—结果）的政策评估方法，梳理了我国住房制度改革不同阶段的政策情境、机制和结果的内在逻辑。结合住房政策的七大支柱法从宏观架构上分析了它带来的体制、机制变化和效果评价。研究发现我国的住房制度改革政策的实施往往会产生一些非期望结果，而它又会成为下一阶段政策干预的影响因素之一。倪鹏飞（2017）认为房地产市场之所以形成妨害“住”与支持“炒”的失衡机制，重要原因是住房体系不健全，即商品房体系过度，保障性住房体系不足；新建房体系过度，老旧房体系不足；买卖房体系过度，租赁房体系不足，与此对应的是制度体系的缺失。贾康等（2018）认为房地产有效制度供给的不足及包容性基础制度建设的缺失，是造成我国房地产市场扭曲和长效治理机制缺位、滞后的根源。同时强调应当构建以“公平有序，共建共享，激励相容，多规合一，法治保障”为基本要义的包容性房地产经济制度理论。辜胜阻等（2018）认为房地产调控过程中存在土地供给制度缺乏竞争性，投融资制度无法遏制投机炒房，税收机制“重开发和流转、轻保有”，尚未形成多层次住房供给体系，法律体系不健全，信息系统条块分割等问题。赵永升等（2017）从房地产宏观调控长效机制的视角对我国房地产市场出现的问题进行了系统梳理。

二、ICP 范式下的住房与房地产问题分析

ICP 范式思想来源于 SCP 范式，“市场结构—企业行为—市场绩效”范式（即 SCP 范式）是产业组织理论的经典范式，它由哈佛大学教授 E. S. Mason 于 20 世纪 30 年代首创，并经 J. S. Bain、F. M. Scherer 等学者的发展、完善，最终形成一套完整的三段论分析范式，《产业市场结构和市场绩效》一书的出版标志着 SCP 范式的正式形成，该理论认为市场结构决定企业的市场行为，而企业的市场行为又进一步决定企业的市场绩效。之后，不同的学者分别对这一分析范式提出了批评，以 D. Stigler、H. Demsetz、R. Posner 等为代表的芝加哥学派认为应该是市场绩效和市场行为决定了市场结构。W. Baumol 则重点突出了市场行为的外生性，并将市场结构看成是内生变量。以 C. Menger、E. V. Bohnbawark 为代表的新奥地利学派也重点分析了企业行为而非市场结构。此外，还有许多学者对此范式进行了扩展和完善，A. M. Spence、S. C. Salop、A. K. Dixit、J. Tirole 等许多经济学家纷纷将新制度经济学、博弈论等新的分析方法引入 SCP 范式，大大增强了 SCP 范式的解释力。其中，新制度经济学派分析了产权结构与经济绩效之间的关系，认为制度是决定人们相互关

系的一系列约束，制度能够约束制度主体追求自身利益最大化的行为动机，进而影响其具体行为，最终对经济绩效产生影响，并且不同的制度安排会形成差异较大的激励结构，进而导致不同的经济和社会绩效。

20 世纪 90 年代以后，随着中国市场经济的不断成熟，国内经济学者也开始重视对产业组织问题的研究，SCP 范式成为首选的研究框架。国内学者对 SCP 范式的借鉴主要分为两类：一类是直接套用 SCP 范式对实际产业组织问题进行研究；另一类则是对原有 SCP 范式进行扩展改造，引入中国特色的制度因素，从而建立与实际相符的研究框架。在一般的 SCP 范式中，制度因素一直被作为外生因素，没有考虑制度与市场结构、企业行为、市场绩效之间的关系，但随着研究的深入，已有不少国内学者将制度因素纳入 SCP 框架。马建堂（1993）指出，影响企业行为的因素有产权结构，也有市场结构。金碚（1999）则明确指出，如果将体制因素包括在产业组织的研究框架内，建立一个包含体制因素的 SCP 范式，将能很好地解释我国的产业现实。刘小玄（2003）、白重恩等（2006）、李楠等（2010）分别从宏观角度，以行业整体为样本，检验了市场结构和产权结构对产业绩效的影响。刘小玄等（2005）、季晓南（2009）分别从微观角度研究了产权结构对企业绩效的影响。唐要家（2005）在之前的研究基础上，将所有权内生化来分析转型中的中国产业组织绩效，提出了“所有权结构—市场结构—企业行为—市场绩效（SSCP）”框架，并进行了实证检验。马金柱和张伟（2015）进一步在唐要家（2005）的基础上将规模经济纳入影响市场绩效的因素，建立了“产权结构—市场结构—规模—市场行为—市场绩效（ISSCP）”框架，使得对市场绩效的因素研究更趋合理。张晓明（2006）则从博弈论的角度分析了制度—行为—绩效（ICP）的内在机制，他认为制度决定了不同行为主体的博弈策略集，制度主体则在现行制度决定的可行空间内选择最有利于自己的行为，所有人的行为最终决定社会的经济绩效。

马小刚（2009）运用制度分析理论考察土地供应制度对房地产开发企业行为的影响，运用SCP范式研究房地产市场结构、市场行为和市场绩效，建立了一个基于制度—行为—绩效理论框架的房价—地价分析模型，揭示了我国房价与地价的关系。倪鹏飞（2015）对新制度经济学的ICP（制度、行为、绩效）的分析框架进行改造，构建“制度体系—行为体系—目标体系”的分析范式，构建了住房制度体系、行为体系和目标体系的关系机制，分析了我国住房发展失衡的制度、行为与绩效的传导机制，进而重新解释我国住房发展存在的问题，指出首先是目标定位出现偏差导致制度设计问题，进而导致机制失衡，进而导致行为冲动，进而导致市场失衡。倪鹏飞（2019）尝试构建“制度—机制—行为—绩效（IMCP）”的分析范式来研究2016年中国楼市的制度驱动型狂潮，通过分析现有住房金融制度、土地制度和财政制度的缺陷以及由此导致的合作博弈机制和各主体行为，廓清造成制度驱动型楼市狂潮的原因。

三、住房制度与长效机制的顶层设计

在住房发展的目标和定位上，邓郁松等（2018）参照发达经济体住房市场发展历程，认为未来经济发展阶段变化与结构调整、人口总量和结构变化以及金融、土地等相关政策的调整将是影响我国中长期住房市场发展的主要因素，预测并建议了2020—2050年间适应新时代发展要求的住房发展目标。易宪容（2017）指出住房是具有多元属性和功能的商品，应坚持把房地产市场定位为保证居住功能的市场并将这个原则固化在制度上，确立中国房地产市场的基础性制度。

在住房基础性制度和长效机制的设计上，赵永升等（2017）阐述了房地产宏观调控长效机制的内涵，并提出了建立房地产市场长效机制的对策和建议。辜胜阻等（2018）提出要从构建土地供应多元竞争机制，建立“支持住、抑制炒”的房地产投融资制度，推进房地产税改革、提高保有环节税费，建立“低端有保障、中端有市场、高端有约束”的住房供给体系，建立健全相关法律体系，构建互联互通的信息系统六个方面着手，综合治理，因城施策。陈小亮等（2018）从重构地方政府激励机制的视角，提出构建房价调控长效机制的建议，将房价增速纳入中央对地方政府的考核体系，并且注重体现“因城施策”的调控思路，使房价调控独立于宏观调控，以确保中央政府“控房价”政策的长期稳定性和可置信性。陈峰等（2018）认为政府应从信贷、税收、土地及合理的限购、限价等方面处理好住房的投资与消费、租与购、市场与保障等若干基本问题。应从调动地方政府房地产税改积极性、形成“地随人走”城乡土地统筹模式、促进城市圈公共品供给均等化、发挥政府的产业引领职能等方面理顺与房地产相关的体制机制，以促进房地产长效机制的形成。贾康等（2018）从构建可持续的房地产土地供给制度，“双轨统筹”的住房供应制度，“双规协同”的房地产投融资与个人住房金融制度，激励相容的房地产税收制度和公平合理、社会共享的土地增值收益分配制度五个方面着手，勾画新时代包容性房地产经济制度的具体思路和框架要点。

在基础性制度和长效机制建设的策略上，叶剑平等（2018）从调控政策作用对象和调控政策动力机制两个维度构建了政策分析的 DSII 分析框架，采用 ITS 政策评估模型对于四个维度的四大调控政策进行了评估，结果发现：作用于住房市场需求端的“强制性调控”过程在短期内往往政策效果并不显著，但是长期来看是非常显著的；通过“诱致性调控”引致住房市场达到政策效果的政策体系逐渐形成；长期来看，作用于住房市场供给端的土地政策和财税政策的政策效果是非常显著的，但是作用于需求端的金融政策的政策效果是不显著的。此结果为长效机制建设的策略提供了决策参考。丁如曦等（2018）认为应坚持稳定市场的房地产市场调控与固本强基的制度改革短效、长效举措两手抓且有机结合，稳中求进把握好调控及改革的力度、节奏和平衡。其推进路径及重点内容是加快构建科学规范、激励相容的房地产市场调控长效机制，协同推进住房租赁、土地、金融、财税等关键领域的改革突破和制度机制完善。以城镇化的主体形态城市群为主要依托，不断拓展新时代房地产市场供求平衡、稳健协调发展的新空间。

倪鹏飞（2017）以抑制“炒”和支持“住”为出发点，以定型成熟的基础目标为落脚点，按照统一与差别兼顾、政府与市场结合、农村与城镇一体、目标导向与问题导向一致、购房与租房并举的原则，建立以政府为主提供基本保障和以市场为主满足多层次需求的两级体系，以及廉居、安居、康居、乐居四个层次的制度体系。通过深化多项相关的改革，建立产权、开发、消费、交换、分配等五项基础性制度，建立土地、财税、金融、户籍和行政管理等五项配套基础性制度，形成房地产稳健发展的长效机制。

第二节　理论框架

本章在倪鹏飞（2015，2017，2019）等研究的基础上，构建了一个“制度—机制—行为—绩效（IMCP）”的新框架，对中国住房和房地产发展及其问题进行制度性分析，并为完善基础性制度和形成长效机制奠定基础。

一、IMCP的制度分析框架

从一般性视角出发，制度（institution）是指一个系统内确定要求所有行为主体遵守的办事规程或行动准则。机制（mechanism）是指在既定制度条件下追求利益最大化，相关行为主体之间的结构关系和运行方式。行为（conduct）是指相关主体为追求自身利益最大化的具体行动和作为。绩效（performance）是指所有主体行为所导致的个体和整体结果。

按照新制度经济学理论，制度体系、运行机制、主体行为与目标绩效之间存在着循环因果的关系或自动修复的功能。同时它们之间的关系也受宏观制度环境即经济、社会、技术等的影响。

在制度环境不变的情况下，制度体系的无序将导致行为的扭曲，行为扭曲将导致目标绩效的失衡；目标绩效失衡将导致制度的调整，进而带来制度的有序、行为的理性、目标绩效的均衡（见图2-1、图2-2）。

在考虑制度环境的背景下，一旦制度环境发生变化，有序的制度变得无序，就会引起新一轮的调整，最终使制度重新回归有序。

从整个社会看，制度作为规范人们行为及相互关系的规则，是一个结构复杂的系统，各构成系统和制度之间存在着层次性和相关性。第一，最基础制度派生次基础制度，次基础制度又派生具体的制度规则；第二，具体制度规则之间相互排斥、耦合或独立；第三，这些基础制度与制度规则以特有的结合方式或构成形式连接在一起，形成一个有机的整体，实现复合功能。但是，当各种制度安排之间存在矛盾和冲突，或者在规范人们行为的地方缺少相应的制度时，制度系统会形成漏洞。当制度系统变得无序时，功能将削弱。

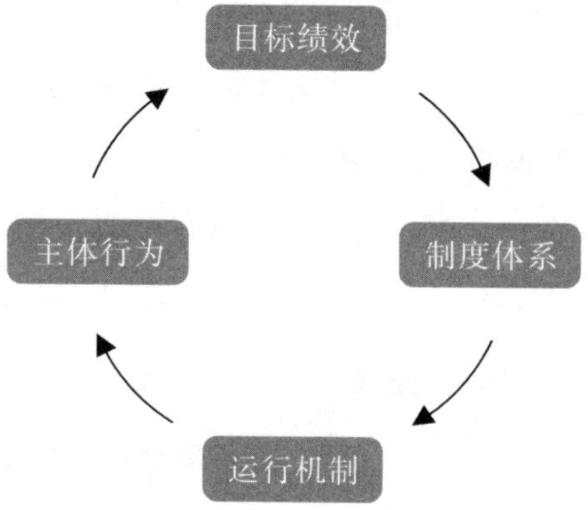

图 2-1　不考虑宏观制度环境背景下的制度体系、运行机制、主体行为、目标绩效的关系

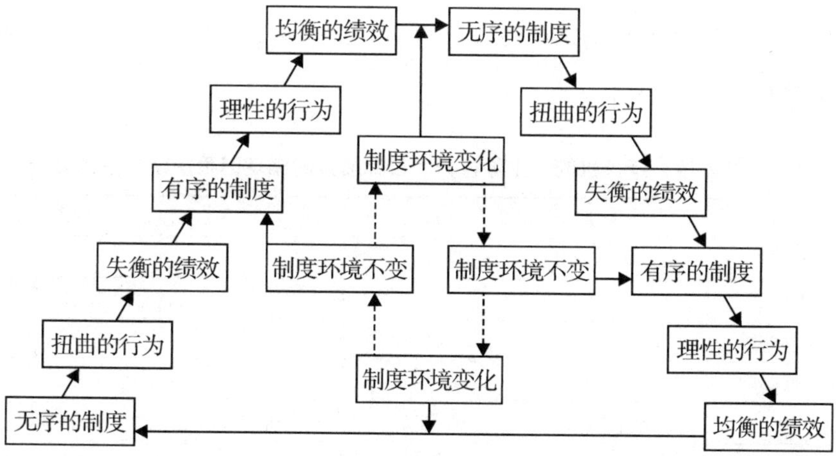

图 2-2　考虑宏观制度环境背景下的制度体系、运行机制、主体行为、目标绩效的关系

与此同时，受制度体系约束的行为主体也是分门别类的。基础制度派生的各项具体制度（及机制）对行为主体而言，同时存在着一个制度影响多个主体或多个制度影响一个主体的关系。派生制度（及机制）对主体行为的影响可用矩阵来表述。行标目是各种现存的派生制度，派生制度的基础度以不造成人们行为的不确定性为原则。列标目为各社会群体，不同群体在一种制度下应当有不同的行为反应。矩阵中的元素为零或者非零。零元素表明一定制度对一定群体的行为不构成直接约束，非零元素为一定制度下一定群体的行为空间（见表2-1）。

在系统化的制度规则约束下，各行为主体以自身利益最大化为目标函数，参与主体之间的多重博弈，在产出行为主体的个体目标的同时，形成总体目标多重制度绩效，这些制度绩效之间也会相互影响。绩效目标、主体博弈行为、机制、机制对制度绩效的影响也可用双矩阵来表述：制度行为多个制度，列标目为各社会群体，机制行为多个机制，行标目是多重的目标绩效。矩阵中的元素为零或者非零。零元素表明一定行为对一定绩效的行为不构成直接影响，非零元素为一定行为对绩效产生直接影响（见表2-1）。

表2-1　制度体系、运行机制、主体行为和目标绩效的循环因果决定关系的复合矩阵

	目标1	目标2	目标3	目标4
主体1	○	○		
主体2			○	○
主体3		○	○	
主体4	○			○
	机制1	机制2	机制3	机制4
制度1		○		○
制度2	○		○	
制度3		○		○
制度4	○		○	
	目标1	目标2	目标3	目标4

现有住房制度导致房地产市场参与主体行为扭曲。行为主体以自身利益最大化为目标函数，根据其目标集合与制度规则和最佳境况集合的关系，选择有利于自己的最佳行为。包括利用现有制度、调整行为或目标遵从制度、违反制度等。一项制度影响多个主体，一个主体行为也受多项制度影响。有关住房偏颇的整体目标、失序的制度体系与自身利益最大化的目标结合，其行为无论是利用、遵守或违反都将产生冲破合理制度规则的冲动。

二、住房制度、运行机制、主体行为与目标绩效的决定及传导机制

住房制度是国家的基础制度派生并影响具体的住房制度体系，住房制度体系包括住房核心制度和住房配套制度。住房核心制度包括产权、开发、消费、交换和分配等制度。住房配套制度包括土地、金融、财政、税收、人口等以及与之一体的整体制度。总体上至少有 10 项制度。

住房运行机制是指住房市场相关主体在既定制度条件下追求利益最大化并且能保证整个市场持续维持下去的行为集合。总体涉及市场机制和政府机制，市场机制包括住房的竞争、供求、价格和风险，政府机制包括住房的保障、监管、调控和法律。总体上至少有 8 大机制。

住房主体行为是指住房市场相关各方包括中央政府、地方政府、房地产开发企业、城镇居民、金融机构等为追求自身利益最大化的行为。其中，涉及住房及配套供求的相关主体总体有 8 类，包括中央政府、地方政府、开发企业、金融机构、城镇居民等。

住房目标绩效是指不同的行为主体实际取得的利益及整体发展表现。包括住房、土地、金融发展绩效、供求双方目标，以及总体目标等 5 项目标。

这四者的总体关系：在既定的10项制度规则约束下，将形成8大机制，导致8类主体采取各自行为决策最优集合，形成特定的博弈局势或博弈的解，即形成6重制度绩效，可以表述为如下的复合矩阵（见表2-2）。一方面，在合理、配套、完善的住房制度系统约束下，住房行为主体的最佳境况集合符合其目标集合，将产生均衡的绩效；相反，住房行为主体的最佳境况集合不符合其目标集合，将产生失衡的绩效。另一方面，当制度环境发生变化，原来的目标发生变化，制度也将从有序变得失序，从而导致机制和行为主体发生变化，进而导致目标体系的偏离，最后导致制度的变革。

表2-2　住房制度、运行机制、主体行为和目标绩效的循环因果决定关系的复合矩阵

	住房	土地	金融	经济	社会
中央政府	○	○	○	○	○
地方政府	○	○	○	○	○
金融机构	○	○	○		
开发企业	○	○	○		
中介机构	○	○	○		
城镇居民	○	○	○	○	○
	市场机制			政府机制	
住房制度	○			○	
土地制度	○		○		
金融制度		○		○	
财政制度	○		○		
行政制度					
	住房	土地	金融	经济	社会

第三节　政 策 框 架

住房基础性制度是指有关住房的建设、分配、交接、消费等以及配套的土地、金融、财税等方面的法律、法规、政策等，调整有关方面的关系，并约束其行为的规范，是社会为居民提供满足其基本生活所需住房的制度安排，关系一国的国计民生和社会发展。

房地产市场稳健发展长效机制是指在一系列规范、稳定和配套的制度体系下，房地产市场主体与监管主体内部及之间，基于追求自身利益所形成的，使房地产长期稳健发展的相互关系与作用机理。

以上分析表明：住房的制度以及由此导出的机制设计只有以正确的目标定位为基准，才能保证行为主体的行为向着正确的目标定位趋进。而在目标定位确定后，基础制度和长效机制的设计要始终围绕正确的定位开展。事实上，住房基础制度和长效机制可以从不同的角度进行分类。

一、横向的基础制度与长效机制

围绕着“住有所居”的目标和“只住不炒”的定位，激励和支持“住”，抑制和约束“炒”。从横向的角度看，住房基础性制度和长效机制可以分为核心制度与机制和配套制度与机制。

（1）核心制度与机制包括住房产权的制度和机制、住房开发的制度和机制、住房交换的制度和机制、住房消费的制度和机制，以及住房分配的制度和机制。

（2）配套制度与机制包括土地的制度和机制、金融的制度和机制、财政的制度和机制、税收的制度和机制，以及人口的制度和机制。

二、纵向的基础制度与长效机制

围绕着“住有所居”的目标和“只住不炒”的定位，激励和支持“住”，抑制和约束“炒”。从纵向的角度看，住房基础性制度和长效机制可以分为市场调节机制及其支撑制度和政府调节机制及其支撑制度。

（1）市场调节机制及其支撑制度包括市场竞争机制及其支撑制度，价格调节的机制及支撑制度，风险控制的机制及支撑制度。

（2）政府调节机制及其支撑制度包括政府保障的机制和制度，政府监管的机制和制度，政府调控的机制和制度，政府内控的机制和制度。

三、条块的基础制度与长效机制

基于前述分析，基础制度和长效机制是一个纵横编织的网络，可以表述为基础制度和长效机制网，这个网既激励“住”，又约束“炒”，既能兜住“住”的底线，又能缚住“炒”的苍龙，这就是住房稳健发展的基础制度和长效机制的一般分析框架。

其中，每一个横的条都包含几乎所有纵的块的构成方面。例如住房交换制度和机制的具体内容就是供求、竞争、价格、风险、保障、监管、调控和内控的所有方面。同样，每一个纵的条都包含几乎所有横的块的构成方面，如住房保障包括产权、开发、交换、分配、消费、土地、金融、税收、财政和内控等（见表2-3）。

表 2-3　住房基础性制度和长效机制网

		住房基本制度					住房配套制度				
		产权	开发	交换	分配	消费	土地	金融	税收	财政	内控
市场	供求	○	○	○	○	○	○	○	○	○	○
	竞争	○	○	○	○	○	○	○			○
	价格	○	○	○	○	○	○	○	○	○	○
	风险	○	○	○	○	○	○	○	○	○	○
行政	保障	○	○	○	○	○	○	○	○	○	○
	监管	○	○	○	○	○	○	○			○
	调控	○	○	○	○	○	○	○			○
法律											

而对于一些重要和关键的基础制度和长效机制，包括横向的产权、开发、交换、消费、税收、土地、金融等，纵向的竞争、价格、风险、保障、监管、调控等，为了保障其严肃性和刚性都可以实现法制化。

第三章　住房改革的中国实践与国际经验

第一节　城镇住房制度改革的历程

一、住房制度改革的必要性

农村住房制度自中华人民共和国成立之初就已确定，至今几乎没有变化。中国农村住房制度的基本特点可以概括为“一供、二权、三非、四自”。“一供”是政府规定一户农民可获得一处住宅用地（宅基地）；“二权”是居民拥有自己住宅的财产权和住宅用地（宅基地）的使用权；“三非”是住宅用地（宅基地）所有权属集体而非农户，住宅非商品，不可以出售、出租，住宅非抵押质押品；“四自”是农户的住房由农户自筹资金，自己建造，供自家居住，自己负责维护管理。这种普惠式的、具有保障性质的住房制度，保证了农村社会稳定，实现了农民人人享有住房。

在 1949—1978 年的计划经济体制下，中国城镇实行公有计划配给的住房制度，即住房由国家按计划确定投资并将投资额度配给各职工单位，单位负责住房建设、分配、管理、维修；住房产权属公有，以实物的形式分配给职工租住，职工支付的象征性租赁远低于成本折旧；住房是福利物品，不可以出售、转让和出租。这种制度不仅无法公平、有效地解决城镇居民的住房问题，而且衍生出许多问题。

在计划经济体制下，城镇住房制度可以概括为：住房是福利，不是商品；住房投资建设由国家单位统包；单位建设、分配、管理、维修住房；住房按实物分配；住房产权公有，职工低价租住。这种公有计划配给制度，无法公平、有效地解决城镇居民的住房问题。单位建设导致单位间分配不公；房价低廉无法约束住房需求，导致苦乐不均；住房作为福利而非商品，因而不能交换，也无法投资；住房统建、统包与统分阻碍了住房及其要素资源的自由流动，也抑制了劳动力流动，导致资源不能合理配置。产权公有造成政府沉重的维护负担；政府投资有去无回，缺乏可持续性；加上重生产、轻消费的指导思想，导致住房供给严重不足。1980 年，我国城市人均住宅面积只有 7. 18 平方米。

二、住房制度改革的过程

基于原有住房制度存在的弊端，从 1979 年开始，国家主要沿着三条路径实施改革突破，建立新的住房制度：对存量住房实行提租与出售，对新增住房实行货币化分配，建立新的住房保障体系。1979 年，国家进行将住宅出售给职工的试点。1986 年，中共中央、国务院在批转《全国基本建设工作会议汇报提纲》中正式提出实行住房商品化政策，“准许私人建房、私人买房，准许私人拥有自己的住宅”。1993 年，国务院第三次房改工作会议提出实施“以出售公房为重点，售、租、建并举”的新方案。1994 年，《国务院关于深化城镇住房制度改革的决定》提出：实行住房商品化、保障化、专业化与社会化。1998年，《国务院关于进一步深化城镇住房制度改革加快住房建设的通知》（国发〔1998〕23号）提出：实行住房分配货币化，建立以经济适用房为主体的住房供应体系，建立住房公积金制度。2003年，《国务院关于促进房地产市场持续健康发展的通知》（国发〔2003〕18号）要求“逐步实现多数家庭购买或承租普通商品住房”，将大多数家庭的住房推向了市场。2007年出台《国务院关于解决城市低收入家庭住房困难的若干意见》（国发〔2007〕24号），决定进行多层次住房保障体系建设。2011年9月29日，国务院办公厅发布《国务院办公厅关于保障性安居工程建设和管理的指导意见》（国办发〔2011〕45号），将公租房作为保障性住房的重要形式，提出2015年城镇家庭保障对象的比例达到20%的目标。

三、住房制度改革的成就

经过40多年的城镇住房制度改革，基本建立了与社会主义市场经济体制相适应的新的城镇住房制度体系框架。城镇居民住房基本实现自有化和商品化；商品房、限价商品房、经济适用房和廉租房等住房供应体系初步建立；住房多元化的投资、持续化的融资、专业化的生产和服务、市场化的交换、货币化的分配和家庭化的消费主要由市场调节的体制基本建立。住房制度改革使住房资源配置实现优化，住房扩大再生产能够实现持续发展，房地产业迅速崛起；城镇居民住房面积、住房质量和住房成套率大大改善；基础设施、公共服务和居住环境显著改善；减轻了企业负担，促进了企业经营机制的转化；缓解了财政沉重的投资建房和维修管理费用负担；撬动了住宅需求和住房投资，带动了国民经济的发展，增加了财政收入。

第二节　土地制度改革的历程

土地制度是人们在一定的社会经济条件下，因土地的归属和利用问题而产生的所有土地关系的总称，包括土地基本制度、土地运行机制、土地管理体制。土地根据用途可分为农业用地和非农用地。建设用地可分为公益性用地和经营性用地。土地制度因用有别，由此构成一国土地制度体系。

一、1949—1978 年，一次土改后的城乡土地基本制度演化

1. 农村土地制度的演化

自中华人民共和国成立以来，农村土地经历了个体农民私有向集体所有转变的过程。从封建土地所有制到农民土地所有制：中华人民共和国成立之初，中央政府颁布了《土地改革法》，规定废除地主阶级封建剥削的土地所有制，实行农民私人土地所有制，农民不仅获得了土地，而且对拥有的土地“有权自由经营、买卖和出租”。从农民土地所有制到集体所有制：从 1954 年到 1956 年，进行社会主义改造收回土地所有权。农业改造确立了社会主义性质的土地制度。农民个人直接所有的土地，也从土地无偿入股、统一经营，发展到农村土地集体所有。从集体所有制到三级集体所有制：从 1957 年到 1978 年，进行“三级所有”的土地改革。在土地集体所有的基础上，土地属于三级集体所有，即人民

公社、生产大队、农村生产小队三级所有。社员集体在公有土地上统一生产和劳动，社员没有任何私有土地。

2. 城镇土地制度的演化

中华人民共和国成立以前实行土地私有制度，城市土地分别由官僚资产阶级、封建地主、民族工商业者、个体劳动者和外国人所占有。中华人民共和国成立以后，针对不同性质的所有权形式，分阶段逐步实现城市土地国家所有制；城市土地的国有与私有并存。中华人民共和国成立初期，各城市政府首先接管了一批国民党政府所有的城市土地，没收了帝国主义和官僚资产阶级在中国占有的大批城市地产，这些都收归国家所有；对那些由民族工商业者、个体劳动者、城市居民所拥有的私有土地仍给予承认。直到 1956 年，城市私有土地基本上可以买卖、出租、入股、典当、赠予或交换等；城市国有土地则无偿、无限期使用。1956 年，中共中央书记处《关于目前城市私有房产基本情况及进行社会主义改造的意见》中规定“一切私人占有的城市空地、街基地等地产，采取适当办法，一律收归国家”，从而实现了城市土地的全面国有化。至于城市国有土地的使用，则“由当地政府无偿拨给使用，均不必再缴租金”，从而形成了中国计划经济体制下的无偿、无限期、无流动的城市土地使用制度。

二、1949—1978 年，一次土改后的土地基本制度特征及问题

1. 城乡土地制度

中华人民共和国成立后到改革开放前，中国全部土地实行社会主义

公有制，但是，城乡土地性质有别：农村土地归集体所有，城市土地归国家所有。用途不同：农村土地用于农业生产、农民居住等，城市土地用于非农建设。城乡土地都不是商品，城乡土地分割：城乡土地不能自由流动，通过计划配置。单向流动：农村集体土地通过无偿征用转为城市国有土地，但是城市国有土地没有转化为集体土地。城乡土地结构总体上存在的问题：产权模糊，不是商品，没有价值，无偿使用，计划配置，城乡二元，单向流动。土地使用制度完全排斥地租规律、市场机制对土地利用的调节作用，导致资源浪费、效率低下，土地难以发挥应有的作用。与此同时，具体而有效的土地用途管理制度也严重缺失。在这种体制下，多占少用、好地劣用、占而不用等现象十分突出，土地资源浪费极大。

2．**城镇土地制度**

从产权制度上看，土地产权由国家所有，单位和个人占有，无偿使用，无限期使用；土地不是商品，计划配置，行政划拨，不允许土地使用权作为一项财产权利流转。从管理制度上看，产权管理与行政管理等为一体。城市住房用地是城市土地的一部分，城市住房用地通过无偿划拨形式由政府调配给企业和单位。这种城镇土地制度的主要弊端如下：第一，城市土地无偿使用导致国家对城市土地的所有权在经济上不能实现。由于城市土地的长期无偿使用，用地单位和个人使用国有土地时不需要支付任何经济代价，国家实际上只是名义上的土地所有者，经济上的利益无法得到实现。第二，城市用地需要的不合理膨胀和土地利用效率的低下，造成土地资源的巨大浪费。第三，土地使用者宁可让大面积土地闲置、荒废，单位土地占有不均。第四，城市土地无偿使用使城市建设资金无法形成良性循环，制约城市经济社会的发展。

3. 农村土地制度

产权制度：集体所有，集体统一经营，集体收益，集体处分。配置制度：非商品，计划配置。管理制度：国家行政管理，集体产权管理。农村宅基地制度：宅基地集体所有，农户无偿、无限期使用；一户一宅，面积基本相当；宅基地使用权的获得途径是农户申请，乡镇政府批准，县政府备案；宅基地使用权不能流转，某些情况下甚至不能继承；城市居民不得购买农村宅基地。这种农村土地制度的主要弊端如下：无偿、无限期使用，用途管理限制宽松，导致宅基地无限扩大，乱占耕地。农村土地不是商品，不得流转、买卖和抵押，只能起到保障作用，不能在经济发展中起到更大、更灵活的作用。

三、1978 年以来，二次土改后的城乡土地制度的改革与演化

改革开放后，传统的城市土地使用制度难以适应改革开放的要求，中国农村土地制度改革的起点是实行土地承包、包产到户；而城市土地使用制度改革则是以土地有偿使用为开端，以土地资源配置的市场化为目标。

1. 农村土地制度改革进程

家庭联产承包责任制。从 1983 年开始，在土地集体所有权性质不变的前提下，在使用权上实行家庭承包经营，在全国广大农村全面推行。到 1983 年底，98% 左右的农户都实行了包产到户，家庭承包经营的土地面积占耕地总面积的 97% 左右，实现了土地所有权与使用权的分离。“新土改”允许土地流转。2013 年，中共十八届三中全会提出集

体土地的所有权、承包权和经营权三权分离，同时允许集体建设用地入市自由流转。

2. 城市土地有偿使用时期

城市土地有偿使用制度的建立（1979—1988 年）：1980 年 7 月 26 日，《国务院关于中外合营企业建设用地的暂行规定》指出："中外合营企业用地，不论新征用土地，还是利用原有企业的场地，都应计收场地使用费。"1988 年 9 月 7 日，国务院发布了《中华人民共和国城镇土地使用税暂行条例》，规定自 1988 年 11 月 1 日起，开始对城镇土地按不同等级征收土地使用税。

城市土地流转制度的建立（1988—2000 年）：1988 年 4 月，第七届全国人民代表大会第一次会议通过了《中华人民共和国宪法修正案》，相关规定改为"土地的使用权可以依照法律的规定转让"，从而为国有土地使用权的出让和转让提供了法律依据。1990 年 5 月，国务院发布了《中华人民共和国城镇国有土地使用权出让和转让暂行条例》，对国有土地使用权出让、转让、出租、抵押、终止等问题做出了明确的规定。

城市土地使用制度改革的逐步深化（2000—2009 年）：从 2001 年到 2008 年，政府和立法机构出台了一系列法律法规，确立土地市场交易的招标和拍卖制度。从法律的高度确立了以国有建设用地使用权招标拍卖等公开竞价方式出让的市场配置制度，使土地市场化又向前推进了一步。这些制度进一步扩大了市场机制在土地资源配置中的作用，为城市土地制度市场化改革起了积极的推动作用，促使城市土地使用制度改革向纵深发展。

四、1978 年以来，二次土改后的土地制度新特征

1. 城镇土地（包括住房用地）制度特征

产权制度：实施所有权和使用权的分离，实行经营性土地有偿、有限期的使用制度。交易制度：建立土地市场，实行土地使用权有偿出让和转让制度；市场的竞争机制不断完善，实施和扩大“招拍挂”制度；城市国有土地市场配置力度扩大。分配制度：土地收益主要归地方所有；城镇土地收益包括土地出让金、行政事业收费、土地持有和交易的税等，国家逐步建立了主要由地方分享的收益分配制度。用途制度：实施城市总体规划和土地利用规划管理，土地使用者需要改变土地使用权出让合同规定的土地用途的，应当征得出让方同意并经土地管理部门和城市规划部门批准，依照有关规定重新签订土地使用权出让合同，调整土地使用权出让金，并办理登记。管理体制：国家强化土地监管，建立土地监察机构；县级以上人民政府土地管理部门依法对土地使用权的出让、转让、出租、抵押、终止进行监督检查；土地使用权出让、转让、出租、抵押、终止及有关的地上建筑物、其他附着物的登记，由政府土地管理部门、房产管理部门依照法律和国务院的有关规定办理，与此同时，县市人民政府作为所有者，行使所有权管理责任。此阶段创建了主要靠市场配置土地，土地有偿、有限期、有流动的新体制，并初步形成了土地市场的基本制度和政府调控体系。

2. 中国城镇住房用地制度的特征

城镇住房由商品房和保障性住房组成，城镇住房用地也分为商品房

用地和保障性住房用地，在国有土地使用权改革的背景下，住房用地制度是双轨制的。在产权制度上，一方面，商品房用地实行所有权和使用权的分离，有偿、有限期使用；另一方面，保障性用地所有权和使用权合一，无偿、无限期使用。在收益分配上，一方面，商品房用地收益主要由地方政府支配，用于城市建设、住房保障等支出；另一方面，保障性住房用地地方政府不仅无偿提供，而且要负责征地拆迁以及土地开发的部分成本。在运行机制上，一方面，商品房用地的使用权作为商品，由市场配置、自由流动，实行价高者得的“招拍挂”制度；另一方面，保障性住房用地由政府无偿提供，实行计划配置，行政划拨。在用途制度上，实行土地使用分区管制制度，商品房和保障性住房用地都要符合城市总体规划和土地利用规划，同时实行土地利用的年度供应计划，这些规划和计划都需报经国家、省级部门批准。而就具体的项目，住房开发企业必须获得土地使用证、建设许可证，遵循建设许可制度。在管理体制上，与城市用地的管理体制相同。住房用地实行土地经营、监管和行政管理统一的制度。

3. 中国农村农业用地土地制度的特征

在产权制度上，实行所有权、承包权和经营权三权分离，所有权属于集体，承包权属于农户，经营权可以流转至专业能手。在收益分配上，农业用地在土地经营者、农户、集体和国家之间实行明确的收益分配制度；建立农村集体建设用地合理的土地增值收益分配制度，明确集体建设用地增值收益主要用于社区基础设施建设和完善公共服务。在运行机制上，实施多样化探索，促进土地要素配置的市场化。建立农村承包地经营权流转市场，探索建立农村集体建设用地交易中心，促进农村承包地经营权能够以市场需求为导向在更大范围流转，推进土地适度规模经营；创建农村集体建设用地市场化的制度基础。在用途管制上，为切实保护耕地，确保18亿亩的红线不得突破，实行最严格的耕地保护制度，包括实行用地分级限额审批制度，实行占补平衡的制度。在管理体制上，国家对农业用地拥有终极所有权，对土地实施分级行政管理；集体组织对土地拥有所有权，对农业用地进行产权管理，对建设用地进行产权和经营管理；农户对农业用地拥有经营权，对农业用地进行经营管理。以促进土地承包经营权流转为基本指向的改革举措，有利于实现土地由零碎经营到规模经营、由低效经营到高效经营的转变，进而加快农业生产要素聚集和现代农业发展。有助于实现向广大农民群众还权赋能的目标，为增加农民的财产性收入提供制度保障。

4. 农村宅基地使用制度的特征

农村宅基地使用制度可概括为：第一，宅基地由集体所有，农户无偿、无限期使用；第二，一户一宅，面积基本相当；第三，宅基地使用权的获得途径是农户申请，乡镇政府批准，县政府备案；第四，宅基地使用权不能流转，某些情况下甚至不能继承；第五，城市居民不得购买农村宅基地。目前，中国城市居民和农民的房屋均属于个人财产，两者并无多少区别。

第三节　住房金融制度改革的背景和条件

中国目前的住房金融制度体系是伴随着改革开放，在学习借鉴国际经验的基础上，经过创新探索逐步形成的。

一、总体金融制度改革

1. 1978—1993 年，金融体系建设期

1978 年，中国人民银行总行从财政部分离出来。1979 年 2 月，中国农业银行重新成立；3 月，中国银行从中国人民银行分离出来，国家外汇管理局设立；10 月，中国国际信托投资公司成立。1980 年，第一家城市信用社挂牌营业。1983 年，中国建设银行重建。1984 年，中国人民银行成为专门行使金融管理、制定和实施货币政策等职能的中央银行；中国工商银行成立；上海飞乐音响股份有限公司公开向社会发行了不偿还的股票，中国资本市场开启。1990 年，成立证券交易所。1992 年 10 月，国务院证券委员会和中国证券监督管理委员会成立，中国证券市场统一监管体制开始形成。1993 年，《国务院关于金融体制改革的决定》明确了中国人民银行制定并实施货币政策和实施金融监管两大职能，并明确提出要把我国的专业银行办成真正的商业银行。

2. 1994—2002 年，金融全面改革期

1994 年，中央银行体系、金融宏观调控体系、金融组织体系、金融市场体系和外汇管理体系全面改革，建立有管理的浮动汇率制度，成立三大政策性银行。1995 年，金融监管进一步向法制化、规范化迈进。1998 年，中国保险监督管理委员会成立。1999 年，上海期货交易所正式成立，同年《中华人民共和国证券法》正式实施。与此同时，1996 年放开银行间同业拆借和债券回购利率，1998—1999 年扩大金融机构贷款利率浮动区间。

3．2003—2012 年，金融改革加速期

2003 年，中国银行业监督管理委员会（以下简称“银监会”）正式对外挂牌，中国金融管理“一行三会”的格局形成。同年，代表国家对重点金融企业行使出资人权利和义务的中央汇金公司成立，国有四大商业银行陆续完成股份制改造，并在上海和香港上市。2005 年，中国实施人民币汇率形成机制改革。2006 年，中国金融期货交易所在上海宣告成立。2009 年，中国创业板市场正式启动。2010 年，再次实施人民币汇率市场化改革。

4．2013 年至今，金融改革深化期

2013 年，全面放开金融机构贷款利率管制。2015 年，主要贷款金融机构不设存款利率浮动上限，存贷款利率管制最终基本放开。2014 年 3 月，人民币对美元交易价浮动幅度由 1% 扩大至 2%。2015 年 8 月，完善人民币对美元汇率中间价报价，人民币汇率中间价主要参考市场均衡汇率形成。2017 年 5 月，在人民币对美元汇率中间价报价模型中引入逆周期因子，缓解“羊群效应”。2015 年，首批试点的 5 家民营银行全部拿到开业批复，民营银行进入常态化发展阶段。

2013 年，“新三板”不断完善；金融监管协调部际联席会议制度建立。2014 年，沪港通、深港通、债券通的相继开通实施，使得中国股票、债券市场与国际市场联系更加紧密。2015 年，《存款保险条例》施行。2016 年，中国正式加入 SDR（特别提款权）。2017 年，成立国务院金融稳定发展委员会。2018 年，成立中国银行保险监督管理委员会（以下简称“银保监会”）。

经过 40 多年的金融改革，中国金融由一元变向多元，由计划变向

市场，由封闭变向开放，走向国际化。建立并逐步完善中央银行体制，逐步形成以商业银行为主体、多种金融机构并存的金融体系，货币市场和资本市场迅速发展，形成以市场为基础的有管理的浮动汇率制，各种形式的金融创新不断发展，金融监管体系逐步健全，金融日益国际化。这些都为住房及住房金融制度改革奠定了重要基础，创造了环境，也决定了住房金融制度改革的走向和进程。

二、住房金融制度改革和创新发展

1. 商业性住房金融改革和发展

改革开放之初，内地住房开发资金严重缺乏。20 世纪 80 年代末，深圳引进香港的期房预售制度。1994 年，国家通过《城市房地产管理法》使预售许可制度在全国普遍建立。在住房消费上，20 世纪 90 年代初深圳等城市引进香港的按揭贷款制度，90 年代末，开始在全国普遍推行。2003 年，央行发布 121 号文件限制房地产企业的银行融资，房地产信托开始成为企业追逐的热点；中国一直试图尝试借鉴美国的抵押贷款证券化制度，但自 2005 年、2007 年中国建设银行、中国邮政储蓄银行进行个人住房抵押贷款证券化试点后，加上 2008 年美国次贷危机的影响，直到 2013 年才再度启动。中国住房抵押贷款证券化具有以下特征：一是以信托方式实现住房抵押贷款证券化；二是投资主体只限于机构投资者；三是信用增级的形式灵活多样，明令禁止政府提供信用担保。2014 年，开始探索互联网房地产金融制度。

2. 政策性住房金融改革和发展

为配合国家住房制度改革，尝试借鉴德国等金融制度经验，1980年末分别在烟台、蚌埠等地建立地方性住房储蓄银行，办理配套房改的住房基金筹集、信贷、结算等政策性金融业务。2000年，蚌埠住房储蓄银行与当地城市信用社合并，成立蚌埠市商业银行。2003年，烟台住房储蓄银行更名恒丰银行，成为一家全国性股份制商业银行。其后，2004年德国施威比豪尔住房储蓄银行与中国建设银行合资成立中德住房储蓄银行。借鉴新加坡的经验，配合经济适用房制度，1991年上海率先建立公积金制度，1994年全国推行住房公积金制度，1999年《住房公积金管理条例》颁布，并于2002年修订。另外，吸收政策性金融，致力保障性住房开发的融资制度，近年来一直零散地开展着。国家开发银行提供开展棚户区改造的贷款；一些城市通过自身平台公司，向政策性银行、公益基金或商业银行进行短期和长期的融资。2014年中央决定在国家开发银行的基础上成立住房事业部，专门进行棚户区改造的开发贷款。央行通过大规模推出PSL（抵押补充贷款）支持棚户区改造，创造中国住房保障发展的奇迹。

第四节　发达国家与地区住房发展及政策模式的借鉴

一、发达国家与地区住房发展的基本趋势

1. 住房与收入水平：人均住房面积随着收入水平的提高而增加

日本1968年套均建筑面积约为92平方米，2008年套均建筑面积约为118平方米；与此同时，人均住房建筑面积由23平方米增加到45平方米；目前套均住房建筑面积稳定在118平方米左右。

2. 住房与城镇化：住房建设投资/GDP的峰值在城镇化进程完成阶段

1955—1972年是日本城镇化进程较快的阶段，城镇化率年均增加1.1%。住房建设量年均增速为12%，新建住房规模在1972年达到峰值，接近200万套，占当年住房存量的比例超过6%，住宅建设投资/GDP在1973年达到峰值9.1%。1980—1990年，韩国城镇化率年均增加1.7%。住房建设量年均增速为17%，新建住房规模在1990年达到峰值，超过75万套，占当年住房存量的9.8%，住房建设投资/GDP于1991年达到峰值8.9%。

3. 住房数量发展：户均套数在1.1左右是房地产市场进入成熟稳定阶段的标志

国际经验表明：在户均住房套数接近1.1之前，住房存量将保持较

快增长，此后住宅市场将进入成熟稳定阶段。日本户均住房套数于1968年超过1，20世纪80年代中期超过1.1，之后则基本保持稳定。美国1965—2009年间，户均住房套数基本稳定在1.12左右。英国自20世纪60年代以来户均住房套数超过1，80年代该值达到峰值1.08。韩国户均住房套数于2002年超过1，2018年该值达到1.08。

4. 租赁与销售：租赁在各国都占有很大比重

澳大利亚、加拿大、新西兰、英国、美国、日本以拥有住房为主。奥地利、荷兰、瑞典、瑞士和德国以租赁住房为主。近年来欧盟国家家庭住房拥有率大致保持在60%的平均水平，但德国58%的居民选择租房。德国主要采取租金管制与补贴、鼓励私人建造低租金住宅的优惠贷款发放、住房储蓄奖励和私人建购房减税优惠。大城市居民租房比重高。英国伦敦的家庭住房拥有率虽然大大高于全国平均水平，但仍有将近40%的家庭租房。年轻家庭以租房为主。日本租房结婚者比例高达67.1%，买房结婚者比例仅为14.3%。

二、政策目标与原则：目标具有阶段性

1. 住房政策的目标

发达国家与地区的住房政策大致经历了四个时期。第一个时期：19世纪城市化迅速崛起到第二次世界大战结束的住房数量绝对不足时期，住房政策目标是“住有所居”，最低标准是“一户一房”。第二个时期：20世纪50年代以后，住房数量严重不足大大缓解后，住房政策目标是扩大公民的住房面积，住房政策标准是“一人一室”。如美国联邦政府

在住房政策上提出的目标就是“让全体居民有足够的住宅”。第三个时期：20 世纪 60 年代以后，住房政策目标是提高现有住房质量和舒适度。比如瑞典政府在 1967 年制定的住房政策就明确提出，“使全体人民能够以合理的价格住进宽敞、舒适和设备齐全的高质量的房屋”。第四个时期：20 世纪 70 年代以后，住房政策目标是提高住房总体水平，实现住房“共同富裕”和住房现代化。如美国提出：确保住房质量有其最低限度；保持房租和价格平稳；鼓励住房自有，保持建筑和商业周期平稳；减少拥挤；减轻种族和经济隔离；培育社区发展。

2. 住房政策的原则

以美国为例，住房政策须和其他社会政策相联系、相配套，拓宽了政策的关注面，并与更宽泛的经济、社会和环境目标整合；住房规划应与市场同起作用而非逆市场而动；有必要推行区域性解决方案，要求地方政府在清除管制障碍上成为负责任的伙伴。

三、住房发展模式与解决途径

1. 市场模式：发挥市场的基础作用解决住房问题

从国际经验来看，日本的市场经验比较适合中国。在日本，政府提供帮助的家庭为 70%，其中由政府直接供给住房的占 13%，另外 30% 的高收入人群的住房由市场解决。日本通过三种法定机构解决住房问题：住宅（金融）公库向中低收入人群提供住房融资以及开发融资；住宅（都市整备）公团向中等收入人群出售或出租住房；住宅（供应）公社向低收入人群出租和出售住房。

2. 合作模式：发挥准市场的基础作用解决住房问题

奥地利、法国、意大利北部和德国等欧洲国家和地区，住房合作社所提供的住房占住房总量的比例相当高，德国达 30.9%，挪威达到 20%。1999 年底，德国 41% 的居民拥有住宅，42% 的居民租住私人住宅，17% 的居民租住社会住宅，政府提供的公共住宅占全部住宅的 3%。由此可以看出合作社模式在德国的地位。

3. 福利模式：发挥政府的主导作用解决住房问题

新加坡（80%）、中国香港（50%）、荷兰（37%）、英国（31%）、瑞典（23%）、法国（37.8%）的家庭租住公益性住房，其中廉租房占住房总量的 17%。每年由住房部和财政部联合制定公益性住房建造计划和贷款规模，经过开会讨论后由各省确定本省规模，并落实到公益房开发机构，再向中央储蓄银行申请优惠长期贷款，同时申请中央和地方政府相当于住房总价 12% ~ 25% 的财政补贴，同时政府规定公租房的面积标准、租金、承租对象、租金补贴等。

其住房发展模式受以下因素影响：其一，人地关系紧张的国家容易形成以公平地保障公民居住权利为目的的福利性住房保障模式。其二，供求关系紧张时，大规模兴建公共住房；供求矛盾缓解后，逐步依靠市场的作用和功能。其三，住房政策与该国宏观经济体制紧密联系。高福利国家的住房保障模式倡导公民享受住房福利。

四、中央与地方的责任分工

1．中央政府主导

以英国、法国、荷兰、奥地利和爱尔兰为代表。其特征是住房是政府关注的核心，中央领导、带动地方行动。

2．中央与地方共担

以美国、加拿大、新西兰和丹麦为代表。在美国，给住房消费者提供补贴的重要政策由中央（联邦）政府制定，其他政策由地方政府决定。

3．地方政府主导

以比利时、德国和瑞典为代表。其特征是中央政府的作用很有限、政策范围和关注领域狭窄、地方的政策发生变化并造成不平等的后果。

五、财政对住房消费的补贴形式

1．货币补贴

直接将货币补贴给保障对象。英国、瑞典、美国实行这一制度。美国的住房补贴一般占财政拨款的2.5%左右。主要包括为低收入居民提供贷款贴息；向低收入居民租赁私人住房或提供租房补贴；发放住房券。

2．实物补贴

将费用补贴给住房供给者，由供给者向保障对象提供住房实物。当实际房费超出规定标准时，政府对超过部分给予补贴。住房实物补贴对扩大工薪阶层的住房需求起直接作用，收入越低的家庭补贴越多。

3．货币补贴和实物补贴结合

法国实行住宅人头补贴和住宅实体补贴相结合的政策。一方面，当低收入居民房租超过其家庭收入的 25% 时，承租人可向国家申请房租补贴；另一方面，政府资助非营利性建房企业建造公共住宅，可贷款额一般占建房预算的 50% ～ 60% 。

20 世纪 90 年代以来，发达国家与地区的住房政策正在变化。从实物补贴即补“砖头”，转向货币补贴即补“人头”；从建设公共住房，转向利用现有的私人租赁市场；从政府修建、拥有和管理房屋，转向发放住房券和房租凭证给符合条件的家庭购租市场住房。这些变化值得我们重视和借鉴。

六、房地产税收政策

1．房地产税收是地方财政收入的主要来源

如美国的一般财产税（主要是对房地产征收），占地方全部税收的 80% 左右。20 世纪 90 年代后，房地产税收作为各国地方政府财政收入主体税源的地位进一步加强。

2. 体系完善，保有税是主体

主要包括保有、取得和收益三部分，来自房地产保有税类的税收收入占总税收的比重较高。如英国，来自房地产保有的不动产税收收入与经营性不动产税收收入占总税收的30%左右。

3. 税制简明，避免重复征税

中国香港特别行政区的税种少而简明，主要有差饷、物业税、利得税、薪俸税、个人息税、印花税、博彩税、遗产税、酒店房租税、地租税等，由差饷物业估价署负责评估和征收。对在港投资的所有企业都一视同仁，采用统一的税收政策。

4. 采用比例税率，实行累进课税

各国的房地产税收，在税率形式上主要是采用有差别的比例税率，课税多数采用累进税率。2007年韩国的财产税和综合土地税高达房产总值的30%，如果第二套房产被出售，各项税率加起来为房产总值的50%，第三套房产被出售则为60%。

七、住房金融制度

1. 资本市场融资

资本市场融资是指由政府指定的住房金融机构通过在资本市场上发行住房抵押债券来筹措住房资金。条件是需要有发达的金融市场体系。主要集中在北美和北欧地区，以美国、加拿大和丹麦最为典型。

2. 合同储蓄融资与契约性住房储蓄制度

合同储蓄融资是指借贷双方通过合同契约来筹措住房资金。起源于英国，后在德国、奥地利等国得到发展。合同储蓄实际上是“高进低出”，即实际存款利率高于贷款利率，这样才可能把资金吸引到住房方面。高进和低出之间的差额由国家通过减免利息所得税或直接贴息等方式解决，因此必须得到国家的优惠政策支持。

3. 强制储蓄融资与公积金制度

实行强制储蓄的国家有新加坡、马来西亚、菲律宾、印度、巴西、墨西哥、智利、加纳、尼日利亚等国。强制储蓄融资是政府凭借国家权威和信用，通过国家法令和行政规定等强制手段，要求将雇员工资收入的一定比例定期存入指定机构，专项用于雇员消费支出的一种住房金融类型，特点是资金稳定性强、存款期限长、筹资数额巨大、筹资成本低。

不论是发达国家还是发展中国家，其住房金融既要受到政府的干预，又要有高度灵活的市场调节。政府的作用主要表现为：（1）对住房抵押贷款实施担保；（2）对住房抵押贷款进行贴息；（3）推行减免税政策；（4）对住房金融市场的有限度参与；（5）制定完善的住房政策、法律和法规。

第四章　住房制度失序与机制扭曲问题分析

正如第二章所示，制度体系是目标的函数，绩效是制度的复合函数。作为总体制度的一部分的住房制度体系，以及作为国家总体发展目标的一部分的住房发展目标体系由总体目标决定。国家总体制度体系决定住房制度体系，进而决定住房机制及其行为，最终决定住房市场绩效。

住房目标绩效的偏颇，导致一系列住房制度的失序，从而使得住房发展多种机制产生激励和约束的问题，进而导致相关主体出现一系列行为冲动，如地方政府炒卖土地的冲动、企业纷纷涌入房地产领域的冲动、金融机构扩大房地产信贷的冲动、普通居民进行投资投机的冲动、中介机构违规放贷的冲动，这一系列行为最终引发住房市场的混乱局面（见图 4－1）。

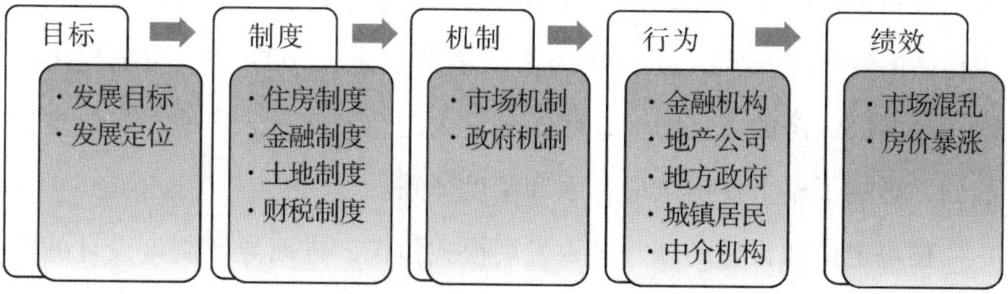

图 4－1　中国住房市场的 IMCP 框架

第一节　住房发展目标与发展模式

一、住房发展定位与目标的问题

1. 住房定位的偏颇

住房作为可以供人居住、生活或工作的不可移动的耐用品，同时具有消费、投资等多重属性，但其最本质的属性是基本生活必需品。但是在过去很长一段时间里，住房和房地产的投资属性被强化，投资和投机品被当作特别重要的功能定位。

2. 住房目标的偏颇

住房的多重属性决定住房发展具有促进经济发展和社会发展的双重作用，但是住房作为基本生活必需品的本质属性决定住房发展的首要目标是实现“住有所居”，辅助目标是促进经济增长。但在过去很长一段时间内，由于其他动力不足，又要实现更高速度的增长目标，住房发展的合理目标被改变。在 1998 年决定建立新住房制度的同时，房地产被当作新的经济增长点，住房成为新的消费热点；2003 年，明确提出房地产是国民经济的支柱产业，赋予其重大的经济使命。房地产目标定位的偏差影响了整个住房供应体系和制度体系。

住房定位和目标的偏颇导致发展模式错误，进而导致制度设计的失序和机制形成的扭曲。

二、住房发展体系和模式的问题

住房是价值巨大的基本耐用消费决定所有居民不可能完全依靠自己的力量解决住房问题，因此，住房发展模式和发展体系需要采取“政府＋市场”的模式和体系。

在城镇，1994 年最初的住房制度设计是借鉴新加坡的经验，城镇居民住房多数通过一定政府保障性质的经济适用住房解决，少数高收入家庭通过完全市场化的商品房解决，少数低收入家庭通过廉租房由政府完全解决。但是由于随后的住房发展目标和定位动摇，以经济适用房为主体的住房发展模式和发展体系很快寿终正寝，绝大多数城镇居民被完全推向市场。城镇住房保障人口占全部人口的比例急剧下降，2007 年达到最低点 5% 以下。之后希望借鉴中国香港地区的经验，提升保障性住房的比例。尽管经过了过去 10 多年的努力，中国城镇家庭保障对象的比例超过 20% 的目标，但是 50% 以上的城镇人口不能完全依靠自身。而需要通过市场解决住房的中低收入居民、新就业人口，尤其是从农村转到城镇的新市民无法享受城镇户籍人口购房优惠政策，无法获得与城镇户籍居民相等的住房保障，被排除在保障范围之外。而借鉴对象，新加坡的保障家庭占全部家庭的 90%，中国香港特别行政区的保障家庭占全部家庭的 50% 左右。

农村住房是完全非商品化的，普遍具有保障性，但保障制度不规范。绝大多数农民经过乡镇政府审批，获得可以无偿使用属于集体组织所有的宅基地，通过自筹资金或政府援助建造的住房，本质上属于保障性住房，不是商品。农民没有完全产权，可以继承，但不能出售或抵押。此外，农村保障性住房没有制定严格的宅基地和住房标准，没有建立超标准的收费和征税制度，不仅农户享受住房保障，而且拥有更多宅基地等的高收入和特权阶层比低收入的弱势群体获得的保障福利更多。

城乡之间住房保障与市场分割。城市居民不能在农村购买或者建设住房，农村居民也无法平等地获得城镇居民购房的土地、税收和金融政策优惠。城镇低收入居民无法转向农村享受农村保障性住房，农村居民无法获得城市住房社会保障。

第二节　住房基本制度失序和机制扭曲

一、住房产权制度和机制的问题

1．产权结构单一

第一，城镇住房产权结构单一。无论商品房还是保障性住房，均缺乏多主体共有的多元化产权的制度供给，因而缺乏对中低收入家庭住房多样化选择的激励。第二，城镇保障性住房产权结构模糊。政府土地优惠、税收优惠和财政投入没有体现在产权构成中，因而制约了政府在土地、税收和财政等方面支持保障性住房建设“住”的积极性。

2．产权市场制度缺乏

没有相关的住房产权分割制度供给，以及保障性住房产权结构不清晰，加上没有住房股权交换的“市场”制度供给，一个住房的部分市场转让将不可行，这在一定程度上制约了居民“住”和政府支持“住”的积极性。

3. 产权管理制度缺失

第一，住房产权和产籍管理缺失。这削弱了政府对住房市场的有效监管，不利于炒房和其他违规违法约束机制的形成，易滋生炒房和其他违规违法的激励机制。第二，保障性住房的产权管理制度缺失。这导致保障性住房配置低效、分配不公、资产流失、腐败滋生，制约政府支持保障性住房的“住”的机制。

二、住房开发制度和机制的问题

1. 开发商市场垄断

按照目前有关法律和制度的规定，房地产开发市场涉及土地拍卖、环境保护、城市规划、配套设施等一系列环节，而每个环节都涉及相应的开发资质，因此，房地产开发成为一项具有高准入门槛的行业，一般的个人和非专业组织由于缺乏相应的资质很难成为住宅供应的主体。城镇无论商品性或保障性住房均需由住房开发公司开发，城镇居民合作建房与自建房、郊区农民经营性建房事实上被禁止和被视为非法。开发公司制度最终使得少数房地产开发商得以垄断城市住宅开发市场。

2. 商品房预售制度

商品房预售制度使得开发商可以主要利用银行贷款和购房者的预收款从事房地产开发，降低了企业进入的资金门槛，激励了开发企业采取“高周转”模式，转嫁了开发企业投资风险，也削弱了开发企业风险约束和质量激励。

3．监管制度缺失

第一，市场监管缺失。目前施工质量监理没有严格有效的追责制度，形同虚设，开发建设监管制度“牛笼关猫”且违法成本低廉，助长开发商垄断和违规违法作业。第二，行业自律制度缺失。由于信用制度和行业组织制度不够健全，房地产企业自律机制没有建立。第三，保障性住房开发的政府监管制度粗糙。这些因素使得保障性住房开发的监督和制衡机制没有形成。

三、住房交换制度和机制的问题

1．新房市场的供给寡头垄断

寡头垄断是指少数几家厂商垄断了某一行业的市场，从而控制着该行业的产品供给，并通过价格领先制和成本加成法控制价格。房地产市场的寡头垄断导致住房供给的数量、节奏、价格甚至预期等都被少数开发商控制，形成开发商直接参与和助力炒房的机制。

2．期房销售削弱约束风险机制

借鉴中国香港特别行政区经验的期房销售制度，允许房地产开发商将正在建设中的房屋预先出售给购房者，不仅使得房地产开发的风险转嫁给消费者，而且使得房地产销售风险转嫁给购房者。同时也放松了销售者（中介机构）的销售风险自我约束。

3. 租赁供求利益保障制度缺乏

从供给层面看，在预售制度下，房地产开发一本万利，房地产租赁利润相形见绌，住房租赁缺乏专业化、社会化、公司化，难以形成持有产权的专业化的住房租赁公司。对多占住房和住房闲置没有相关的经济惩罚，也使住房拥有者缺乏出租动力。从需求层面看，目前的公共服务与住房所有权相联系。租房无法享受城市的户籍、教育、医疗以及社保等福利，缺乏有效的租户利益保障制度。所有这些形成租赁住房约束或者抑制机制。

4. 各类市场一体化相对制度缺乏

新房和旧房之间衔接的市场制度不完善，供求、竞争和价格机制没有形成。租赁和销售市场之间衔接的市场制度不完善，供求、竞争和价格机制没有形成。保障性住房与商品房市场之间衔接的市场制度不完善，保障性住房进入和退出机制没有形成。

5. 市场监管制度缺失和机制扭曲

一方面，目前租赁和销售市场的监管制度以及行业自律制度都比较缺少，形成企业违规炒房的激励机制。另一方面，政府总体发展目标决定其对市场监管缺乏主动性和积极性，也形成企业炒房和违规的激励机制。

四、住房分配制度和机制的问题

尽管 1998 年房改使得城镇建立了住房货币化分配和货币化补贴的

制度，但是由于分配和补贴制度的诸多方面存在问题，因此分配和补贴机制存在扭曲。

1. 商品房分配制度和机制问题

货币化分配是静态化的制度，没有形成货币化分配额随房价增长自动同比增长的机制。这使得城镇中等收入家庭，在住房价格较为平稳的情况下，住房分配货币化目标较易实现，但是在住房价格持续上涨的形势下，工薪阶层的住房补贴难以跟上住房价格的上涨步伐，导致大量城市居民无法通过住房补贴从市场获得足以支付房款的住房。

2. 保障性住房分配制度和机制问题

首先，货币化补贴是静态化的制度，没有形成货币化补贴额随房价增长自动同比增长的机制。这使得城镇中低收入家庭（保障对象）在房价上涨的情况下，无法利用住房补贴购买和租赁住房。其次，多数地区住房保障分配制度仅覆盖户籍人口和单位职工。一些个体户、新市民等中低收入家庭处在制度覆盖范围之外。再次，没有建立科学、合理、公平、公开和严密的准入、轮候和退出制度，因而没有形成保障性住房自动的准入、转换和退出机制。

3. 分配监督制度和机制问题

对于商品房分配的监督制度完全缺失，使得政府和社会对职工单位住房货币分配和动态增长的监管无法可依，同时更没有监管的制衡机制。对于保障性住房分配也没有建立完善的监督制度，从而未形成有效的监督和制衡机制。

五、住房消费制度和机制的问题

住房需求制度不仅受到总体制度、核心制度和配套制度及机制的影响，而且其本身也存在诸多问题，从而导致基本的、合理的消费受到限制，甚至使有害的投资、投机需求受到激励。

1. 住房总量消费制度缺乏

虽然各地在抑制房地产市场过热的调控过程中采取了一些临时性的限购措施，但是在总体上，还没有建立起居民家庭住房消费总量标准，包括通过市场购买或通过政府保障的具体标准，更没有相应对过少拥有住房的激励和对过度拥有住房的约束的制度安排，因而还没有形成住房合理消费的机制。

2. 住房阶梯消费制度缺乏

由于住房市场发育不够健全和保障性住房体系不够完善，新旧商品房市场之间、不同层面的商品房之间、租售商品房之间、不同层面的保障性住房之间，以及保障性住房与商品房之间存在严重分割和失衡。市场和政府调节都存在一定失灵，因此难以形成过滤机制。

3. 住房消费监管制度缺乏

由于没有前述的住房合理标准和住房阶梯消费的制度安排，因此也没有相应的政府监管制度及其对监管的制衡机制。

第三节　住房配套制度失序和机制扭曲

一、土地制度失序和机制扭曲

1. 土地产权制度和机制问题

首先，农村集体土地产权模糊。所有权、处置权、收益权属于比较模糊的集体，资格权和使用权不能出让、转让和抵押。这导致各种权力实际被城市政府及集体组织代理人占有，导致土地增值收益在地方政府、开发企业、集体组织和农民之间不公平分配，形成政府廉价征地的激励机制。其次，城镇国有土地产权模糊。所有权主体模糊的国家，使用权可以出让、转让和抵押，以及收益权归城市政府的制度，支持了所有土地使用权商品化的激励机制，抑制了保障性住房用地供给。

2. 土地配置制度和机制问题

首先，农村建设用地和宅基地是非市场配置制度。宅基地和建设用地无偿使用，无法对土地集约利用形成激励，也无法对土地粗放利用形成约束，形成了土地粗放利用的供求、价格和竞争机制。其次，城乡用地非市场单向转换制度。在一级土地市场上，政府强制性征用将城市规划区的农村集体土地转化为城镇国有建设用地，政府集管地者、用地者和裁决者于一身，形成“买方垄断”，“地价”即征地补偿由政府决定，无法对土地集约利用形成激励，也无法对土地粗放利用形成约束，形成了激励征地的供求、价格和竞争机制。再次，城镇经营性建设用地出让“卖方垄断”。在土地使用权出让市场上，城镇建设用地有偿使用，一方面，政府供给垄断，另一方面，实行拍卖交易制度。这两方面因素形成了激励炒地的供求、价格和竞争机制。最后，区域间土地配置非市场化制度。各区域一级市场土地供给采用计划指标配给制度，由上级部门行政审批的制度指标层层分解。

3. 政府监管制度和机制问题

市场监管、市场经营、产权管理三位一体地集中于土地行政管理部门。第一，行政监管与市场经营一体制度。政府既是市场监管和调控者，又是土地的经营者。第二，产权管理与市场监管一体制度。土地行政部门同时行使市场监管权力与产权管理权力。第三，产权管理与市场经营一体制度。行政主管部门同时行使土地资产管理权力与土地经营权力，上地产权管理制度不健全，没有形成完善的国有土地资产管理制度体系。这从总体上抑制政府市场监管和产权管理机制形成，抑制保障住房用地机制形成，支持政府炒地机制形成。

二、金融制度失序和机制扭曲

1. 商业性住房金融制度和机制问题

商业信贷是住房金融的主体，商业信贷的利率非市场化制度，导致商业银行存贷差较高。按揭贷款和期房预售两大基本制度普遍施行，形成金融机构的炒房机制。商品房开发租赁的融资渠道单一，商品房消费融资排斥非户籍常住人口，抵押贷款证券化机制没有建立。货币化补贴住房保障开发与消费金融体系没有建立。农民及流入城镇的新市民在输出地用土地、住房等固定资产抵押获取贷款还存在着制度障碍。所有这些都导致金融机构对“住”的抑制机制。

2. 政策性住房金融制度和机制问题

政策性金融体系的住房公积金制度设计存在缺陷。（1）“劫贫济富”：住房公积金补贴额度与收入及缴存成正比，要使用需要缴存到一定额度。（2）分散封闭：异地接续和存取的制度有待完善，全国公积金总规模较大，众多管理中心管理资金的规模小，另外公积金与其他相似的养老、社保、医疗基金分散分割，难以发挥金融的规模和掉期效应。（3）存贷失衡：一些中心的公积金面临大量沉淀，另一些中心的公积金陷入流动性紧张。（4）覆盖有限：公积金主要覆盖了在国家机关、国有企事业单位收入高稳的职工家庭，没有覆盖一些真正需要的中低收入家庭、城镇个体户和新市民。（5）管理体制不合理：没有建立合理的管理体制和治理结构；公积金管理中心管理着巨额的资金，但作为非营利事业单位的非金融机构，不能承担金融风险，内外金融监管薄弱。另外，曾经的住房储蓄银行转制为商业银行，一些金融机构包括开发银行等进行了政策性融资的尝试，但还没有建立普遍的制度，没有专门建立住房融资担保和保险制度，政策性按揭贷款的二级市场没有建立。

3. 商业性与政策性金融融合制度和机制缺失

尽管商业性资金和政策性资金充裕，但是由于没有正式的制度安排和政策支持，两者无法互相整合使用。商业金融机构和社会机构有大量的资金，但从事保障性住房信贷或证券融资既没有利息补贴和政府支持的担保机构的担保和保险，又没有税收减免的优惠，因而它们缺乏提供资金的积极性。商业金融机构和社会机构不愿意进入保障性住房的开发和消费领域；规模巨大的公积金也没有有效加入商业性和政策性融资；除了目前的商业银行贷款和公积金贷款进行组合，没有更多商业性和政策性融合制度安排。

4. 农村没有基本的商业性和政策性住房金融体系

农村土地不能用于抵押，也无法获得商业信贷和其他融资。农村住房主要由农村家庭依靠家庭投资或民间融资实现，家庭状况及融资能力不同，住房差异较大，投资和融资缺乏稳定性和可持续性。困难群众的政府财政支持没有稳定性制度安排。

5. 金融机构面临许多制度约束以及监管制度漏洞

首先，金融机构内部绩效考核体系具有很强的政绩性、短期性、逐利性。目前，我国金融机构经过一系列市场化改革，在法人层面上都建立了比较完善的绩效考评体系，都把规避风险和实现利润最大化作为绩效考评的目标，但在实际管理层面上，绩效考评体系呈现较为明显的政绩化、短期化、逐利化倾向，这关键还是由法人治理结构和组织架构“换汤不换药”所致。高级管理层出于任期内的政绩追求和考核压力，急于扩大资产规模，追求短期效益，掩盖问题和风险，缺乏对实际情况和长远发展的深入思考。其次，抵押贷款制度为“住”同时也为“炒”创造了条件，期房销售制度使得银行成为“住”和“炒”的主要资金来源。再次，金融监管制度的不完善和监管措施不严格使得金融机构的“金融创新”层出不穷，使得大量资金成功逃避监管进入房地产市场。总之，不完善的金融监管制度、不规范的金融制度创新、不规则的金融政策支持了炒房，同时也抑制了保障。

三、税收制度与机制问题

目前的房地产税收体系和制度安排总体上在抑制了“住”的同时，更重要的是支持了“炒”。

1. 房地产税覆盖率低

在城镇，房地产税课税范围过窄、免税范围宽，计税缺乏差别和累进性。房地产税对住房需求没有起到应有的调节作用。在农村，整体税收制度体系包括房地产税没有建立，形成任意建设和拥有住房的税收激励机制。

2. 房地产税收制度体系不合理

流转环节税费种类多，税费负担重，重复征收；保有环节税种少，税负轻，形成了支持炒房的激励机制。

3. 房地产税收减免政策不健全

缺乏稳定、规范、健全的保障性住房投资、融资、开发、租赁和消费等税费减免制度安排，没有形成相关的激励机制，抑制了投资、消费、开发、经营对保障性住房开发的积极性。

四、财政制度和机制问题

过去的分权财政制度使得地方政府热衷于发展包括房地产业在内的地方经济，扩大地方财政收入；推卸住房保障等社会民生的责任，减少财政支出。

1. 政府保障对象财政补贴制度不健全

首先，缺乏多层次的住房补贴制度。针对不同收入和住房困难程度，未给予差异化的补贴，没有形成根据不同收入和住房困难程度的倒补贴的机制。其次，没有形成应补尽补的制度。尽管城市化使大量外来人口流向城市，且为城市发展作出了巨大贡献，但城市政府不承担“非户籍居民”包括住房在内的公共服务。没有将常住人口全部纳入住房保障的考察对象，没有根据收入和住房困难程度实行无差别全部覆盖的财政补贴制度，没有形成全覆盖的财政兜底补贴机制。

2. 纵向政府间财权与事权分权分配不对称

一方面，自1994年分税制改革以来，地方政府承担起越来越多的行政事务，但财政收入分成比例不断下降。中央与地方就解决住房问题还没有形成合理的制度安排，尤其是中央政府转移住房保障资金的比例还不够高，导致地方政府财政支出包括保障性住房供给财政支出的困难，既制约了地方政府支持“住”，也迫使地方政府参与“炒”。另一方面，中央在通过转移支付等增加公共服务及住房支出方面，主要采取按照户籍人口划拨转移支付制度，还没有形成与人口流动挂钩即“钱随人走”的机制。

3. 地方政府的土地财政制度和炒地机制

在1994年分税制改革，税收大幅上收的同时，中央与地方在财政收入的土地出让金分成比例确定为5∶95，在实际执行中土地出让金几乎100%给地方支配，这一制度为地方政府开辟“土地财政”提供了原始动力，而地方政府垄断城市土地供应一级市场则为“土地财政”创造了条件，直接导致地方政府“炒地机制”的形成。

五、政府内部制度和机制问题

一方面，过去的政绩考核制度使得地方政府热衷于发展包括房地产业在内的地方经济。另一方面，虽然近年来中央初步建立对全房地产行政调控和内部监管制度和长效机制，但是调控制度和机制还有待进一步健全。

1. 体制不顺

在住房的保障、监管与调控方面，首先，分工不明，各级政府之间、同级政府各部门之间还没有明确的分工；其次，关系不顺，在各级政府之间缺乏决策与执行机制，在同级部门之间缺乏完善的统筹、协同、监督、制衡机制。

2. 考核不严

首先，长期实施以财政增收、吸引投资和地区生产总值增长等为主要指标的政绩考核制度，对住房市场监管和住房保障等社会事业缺乏硬性规定。其次，考核制度在逐步形成过程中，无论是在内容上、标准上还是机制上，都没有形成合理健全的制度和机制。

3. 问责不严

虽然近年来住房主管部门启动了约谈和问责制度，但是总体上比较软性和粗放，没有与地方政府及干部政绩、地方政府干部的奖惩以及升迁直接挂钩，使得问责效果有待进一步提升。

第四节　追求目标集合的相关主体行为冲动

行为主体以自身利益最大化为目标函数，根据其目标集合与制度规则和最佳境况集合的关系，选择有利于自己的最佳行为。包括利用现有制度、调整行为或目标遵从制度、违反制度等。一项制度影响多个主体，一个主体行为也受多个制度影响。而现有住房制度导致房地产市场参与主体行为扭曲，有关住房偏颇的整体目标、失序的制度体系与自身利益最大化的目标结合，其行为无论是利用、遵守还是违反都将产生冲破合理制度规则的冲动。

一、相关主体冲动

1. 上级政府的刺激增长冲动

为了确保经济增长又快又好，在内需不足和出口下降的情况下，政府有刺激房地产发展的国家利益冲动，失去合理发展和解决住房的理性。政府主要更多地采取宽松的货币政策，通过发行更多的货币，来激励房地产投资和消费，进而带动更广泛的固定资产投资和居民消费。

2. 地方政府的“炒卖”土地冲动

财税制度和土地制度及其所形成的土地财政机制，决定政府“炒地”的冲动。据调研，不少城市的土地出让金占预算外收入的比例超过

50%，房地产税收占地方税收的50%以上。以2016年1—9月为例，“地王”数量呈爆发式增长。全国300个城市共成交土地15 585宗，土地收入总额达到19 262亿元，同比大增40%。其中，住宅用地出让金总额15 021亿元，同比增加56%。仅前三季度的“卖地收入”就已超2015年全年收入，截至9月23日，全国共计成交246宗“地王”，远远超出2015年的数量，全国总价“地王”、单价“地王”频频被刷新[①]（见图4-2）。

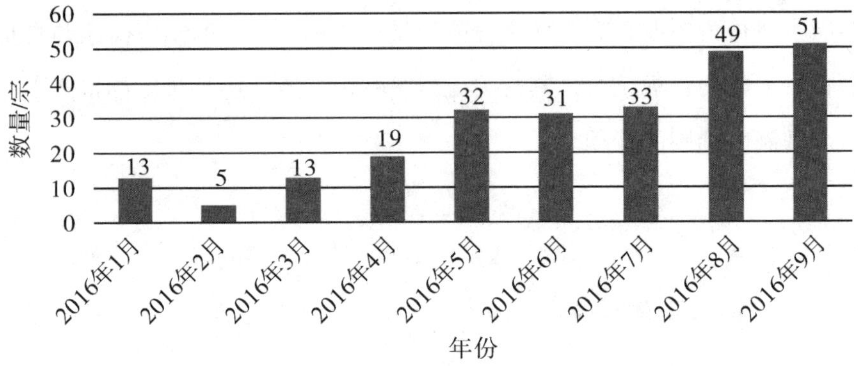

图4-2　2016年1—9月全国“地王”宗数变动

资料来源：综合互联网关于“地王”的新闻报道整理而成。

3. 全企房地产化的冲动

低门槛、低风险、高利润不仅导致房地产企业大量产生，全社会各类企业转向房地产开发，而且导致房地产企业高负债融资，高价拍地，高周转、高价格售房。根据国家统计局公布的数据，2003年全国

① 引自中商情报网数据（http：//www. askci. com/news/dxf/20161012/10484769049. shtml）。

房地产开发企业有 37 123 家，到了 2008 年则达到了 87 562 家，5 年时间增加了 1.36 倍，年平均增长率保持在 20% 以上；同期规模以上工业企业个数由 196 222 家增加到 426 113 家，年平均增长 17%。尤其在 2007 年房价高涨的刺激下，房地产开发企业个数一年间增加 40%，而规模以上工业企业个数则增加 26%。从可统计数据的上市公司看，2009 年，根据上市公司所披露的年度报告，按照深、沪两市对上市公司的标准行业分类的 20 个行业，除去房地产行业、金融保险业以外的全部 18 个行业都有行业内公司涉及房地产业务。2009 年，通过股权投资和关联企业直接涉足房地产业务的上市公司（含房地产业上市公司）有 802 家，占 1 300 多家深市 A 股主板和沪市 A 股上市公司之和的 60.53%。

4. 金融机构的房地信贷冲动

首先，巨大的利润和监管缺失导致金融机构的资金大量转向房地产领域。以 2016 年为例，在楼市热潮以及一系列政策利好的刺激下，各大银行的个人按揭贷款呈爆发式增长。2016 年 1—9 月，在房地产开发企业到位资金中，个人按揭贷款达到 17 508 亿元，同比增长 51.4%[①]。其次，公司债发行额呈爆发式增长。从 2015 年下半年开始，房地产企业公司债迎来大爆发，2016 年 1—9 月累计发行 7 500 亿元，超越 2015 年全年水平[②]。再次，房地产企业通过定增等方式进行大规模股权融资，2016 年前 9 个月，41 家房地产企业推出定增预案，募资总额达 3 116.71亿元[③]，远超 2015 年同期水平。最后，银行理财产品规模迅猛

① 该数据来自 Wind 资讯。

② 该数据来自 Wind 资讯。

③ 该数据来自财经网的新闻报道（http://yuanchuang.caijing.com.cn/2016/1027/4191595.shtml）。

增长。截至2016年上半年，银行理财通过配置债券、非标资产、权益类资产等方式投向房地产的资金共计有2.09万亿元[①]。

5. 购买主体的投资投机冲动

金融体系失衡导致投资渠道狭窄，房地产税缺陷导致持有环节税负轻，租户利益保障制度的缺失刺激全社会购买房地产的冲动。与此同时，由于住房过度商品化而被推向市场的大量中低收入家庭，被迫调整其行为或目标，推迟、减少或改变住房消费，同时产生焦虑和不满。2016年房地产上涨潮中，购房者在追涨不追跌的行为逻辑支配下，纷纷涌入房地产市场，尤其是较低的利率、首付比例和税费负担进一步促进了个人住房贷款激增。截至2016年第三季度末，个人购房贷款余额为17.93万亿元，同比增长33.4%，1—9月增加3.75万亿元，同比多增长1.83万亿元[②]。个别城市甚至出现恐慌性“抢房潮”，比如，在广州，仅9月16日当天的商品房成交量就比2015年同期增长57.4%；在合肥，中秋节仅3家楼盘开盘，却有千名购房者冒雨抢房；在无锡，三四千人抢400多套房源，甚至上海、苏州等外地购房者也大量涌入无锡抢房；在杭州，某楼盘项目3小时售罄500余套房[③]。

6. 土地供给者的制度外行为冲动

作为农业用地的所有者和使用者的农民，在土地征用和拆迁过程中，因为基本权益无法得到保证，基本目标诉求难以实现，于是采取制

---

① 该数据来自《中国银行业理财市场报告（2016年上半年）》。

② 该数据来自中国人民银行发布的《2016年三季度金融机构贷款投向统计报告》。

③ 参看南方网2016年9月22日的相关新闻报道（http://finance.southcn.com/qyxw/content/2016-09/22/content_156285222.htm）。

度以外的行为如抗议、上访或其他过激行为达到自己的目标。而对于拥有与城镇国有土地相邻，而又没有被政府征收的集体土地，集体组织或者使用土地的农民，为追求利益的最大化，开始打破现有的制度安排，大肆建设现行制度所不允许的小产权房，以便出租或出售。近年来，其在征地补偿费用占毛土地出让金的比例已达 2/3。

二、参与主体之间的“合谋”

在固有的制度缺陷之下，购房者、房地产开发商、金融机构等市场主体以及政府部门基于追求自身利益最大化不仅有行为冲动而且存在“合谋”，对房地产市场产生“火上浇油”的影响。

1. 金融机构与购房者“合谋”

通过房地产销售端创新产品来降低个人住房贷款的门槛。其中最典型的就是消费贷和“首付贷”。虽然银监会明确规定，消费信用贷款不能用于购房，而且贷款用途应以销售发票作为贸易背景真实性的证明材料，但在实际操作中，由于银行审核不严格甚至有些商业银行暗中配合，贷款申请人可以通过贷款担保公司的一条龙服务轻松规避银行的检查，获得消费信用贷款，再将贷款用于支付买房的首付款。而“首付贷”一般是指金融机构通过各种名目和方式向购房者提供首付阶段的贷款，从而使购房支付能力不足或需资金周转的购房者达到按揭贷款首付比例，完成贷款购房行为的一种金融产品。部分“首付贷”是以个人消费贷款等科目由相关金融机构发放，还有部分“首付贷”产品由 P2P 等互联网金融公司的资金穿透而来。

2. 金融机构与房地产开发商“合谋”

通过明股实债或股权直投等方式绕开资金监管，想方设法通过基金子公司、券商资管和信托等通道，变相为土地交易融资。其中一种典型的做法就是明股实债，即信托公司在“入股”时就跟开发商约定，一定期限后由开发商向信托公司以一定的价格回购股权，并保证信托公司取得一定收益。表面上，资管或信托计划参股了项目公司，但约定期满后，项目公司要无条件回购股份，支付的价格就是债权融资的本息。这种模式既规避了“委托贷款”的合规风险又不提高房企的负债率。银行自营资金和理财资金，正是借道资产管理计划或信托计划，穿上层层“马甲”，通过明股实债的方式，源源不断向房地产开发商“输血”。另外，中小型房企由于受到规模的限制，其融资渠道并不如大型房企多，于是就有资金通过股权直投的方式绕道进入这些房地产企业，其通常的交易流程如下：管理人（基金子公司、券商资管或信托）成立专项资产管理计划或信托计划，入股为开发项目成立的项目公司。这种情况下，资产管理计划管理人一般会直接或者间接参与房地产企业项目经营，建成后双方按照股权比例分享投资收益。

3. 地方政府与房地产开发商“合谋”

通过炒高地价，营造房地产市场火爆的形势，不断强化房价上涨预期，这一方面导致房价不断上涨，使得房地产开发商获得更多净利润，另一方面也使得地方政府能够获得更多房地产税费收入，为带动下一轮地价和房价的循环上涨奠定基础。

4. 地方政府与金融机构“合谋”

一方面，地方政府通过炒高地价来提升未来的土地出让金收益，进而以土地作抵押，从金融机构获得更多的贷款，以此加快地方基础设施建设，为下一轮的地价、房价上涨埋下伏笔，最终形成地价和房价相互推升的恶性循环；另一方面，金融机构在地价和房价的轮番上涨中也获得了大量的短期利润，成为这一场房地产“盛宴”中不可或缺的参与者。

总之，市场主体和政府部门在房地产领域的“合谋”直接推高了房价，进而形成高房价预期，使得整个市场形成了投资房地产更有利的共识，各领域资金纷纷涌入房地产市场。与此同时，高房价也增加了实体经济的成本，加剧了实体经济贷款难的问题，使得实体经济利润进一步走低，最终迫使已有资金撤出实体经济领域转而涌向房地产市场（见图4-3）。

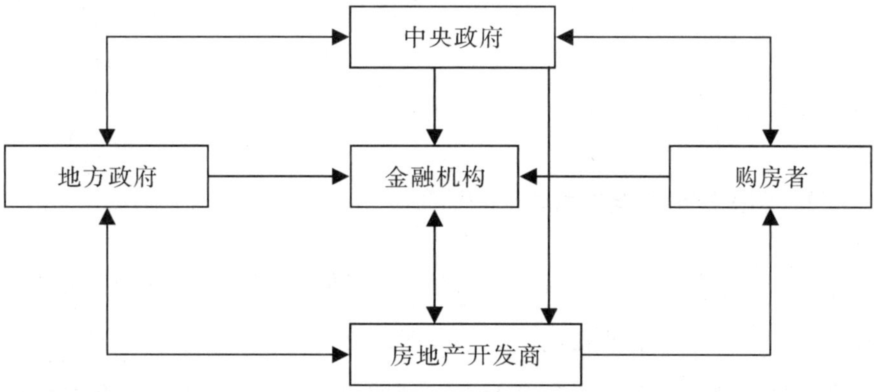

图4-3　住房市场参与主体之间的关系图

三、基础制度未变使得相关各方仍对房地产“情有独钟”

尽管近年来政府采取了一些措施使房地产市场暂时控制了过热的局面，但是由于经济利益机制没变，实体经济发展存在困难，资本市场欠发达，加上总体宏观背景即城镇化进程没有结束，行为主体的冲动仍然在延续。

1. 金融机构支持房地产消费和投资的热情没有减弱

基于短期收益风险比较分析，金融机构更倾向将资金投向房地产领域而不是实体经济领域，导致紧缩的金融政策和严厉的金融监管大打折扣。

2. 地方政府炒地以及刺激房地产过度发展的内在冲动没有减弱

在目前财税体制下，土地出让金和房地产税费仍是地方政府收入的重要来源和融资工具。因此继续繁荣房地产市场，推高房价和地价，是其内在利益追求的必然结果。

3. 居民投资和投机房地产的动力没有减弱

一方面，资本市场上投资品相对较少且风险较大，而房地产资产价格长期以来风险小、收益高。另一方面，货币超发导致通货膨胀使得居民货币收入贬值。无论是保值增值“收入”的投资，还是赚得差价的投机，居民动力依然十分强劲。

4．开发企业冒险投资，开发动力没有减弱

垄断竞争的房地产市场结构和实体经济暂时性困难，使得从事房地产开发能够获得更高的比较利益。虽然意识到市场高风险，但是开发企业一方面不断强化加快周转率并扩大企业市场规模的措施；另一方面，试图通过兼并重组使强者更强，同时使弱者免于破产。这虽然能在一定程度上化解企业自身的当前风险，但也积累了宏观层面开发在未来的风险。

第五章　住房制度的总体设计与发展模式

第一节　住房制度总体设计

一、总体思路

在新时代中国特色社会主义思想的指导下，恪守“房子是用来住的”定位，坚持五个原则，即“局部与整体协调，统一与分散兼顾，政府与市场结合，保障与调节并举，城市与乡村一体”；建立四大住房体系模式，即高收入家庭“政府调节，市场配置”的乐居住房体系，中等收入家庭“政策支持，市场配置”的康居住房体系，低收入家庭“政府主导，市场参与”的安居住房体系，低收入及最低收入家庭“政府配给，模拟市场”的廉居住房体系；建立十大核心和配套制度，即建立“产权多元，自有为主”的产权制度，“基金主导，多元开发”的开发制度，“租售并举，先租后买”的租售制度，“一户一房，抑制投机”的消费制度，“以钱为主，钱物分离”的分配制度，“梯度保障，政府兜底”的保障制度；建立对应三大体系的住房金融、土地、财政、税收和政府户籍等相关配套制度，形成住房发展的八个长效机制，即价格、竞争、供求、风险等市场机制和保障、监管、调控、内控等政府机制。从三个层面构建住房体系，分阶段逐步实现城镇居民“住有所居”的目标，确保房地产健康、高质量发展，改善社会民生，促进经济发展及发展方式转变。

二、发展定位

将住房发展的定位回归到住房的本源，即“房子是用来住的，不是用来炒的”。借鉴国家有关产业定位的表述（如“战略性新兴产业”的表述），将住宅产业定位和表述为“支撑社会经济发展的民生产业”或者“国计民生的支柱产业”。民生产业是指直接关系人民生活利益的相关产业；国计民生的支柱产业是指既关系国民经济发展，又关系社会民生发展的相关产业，既是国民经济支柱，又是社会民生的支柱。由于住房直接关系人民生活利益，不管是谁来提供，无论是保障性还是商业性的，都具有促进民生改善和促进经济发展的功能。住房产业是社会发展和经济发展的双支柱。

三、基本目标

城镇住房发展的基本目标是“住有所居”，即人人有房住的目标。当然，“住有所居”并不意味着每人拥有自有产权住房。实现“住有所居”目标具体又可分为两个阶段：

到 2020 年城镇总体人均住房建筑面积达到 40 平方米，实现“一户一房”。高收入家庭实现乐居：提供面积较大、功能多样、节能环保、品质高端的住房；中等收入家庭实现康居：拥有面积适中、功能齐全、节能环保、质量较高的住房；低收入家庭（包括城镇低收入家庭、中等以下收入的新就业职工和中等以下收入的外来人口的无房户或住房在基本住房条件以下的住房困难户）实现安居：拥有面积不大、基本功能齐全、节能环保、质量可靠的保障性住房。

到2035年城镇总体人均住房建筑面积达到45平方米，实现“一人一卧”。首先，乐居、康居、安居和廉居的面积标准尤其是基本功能和住房质量均应有所提升。2035年，平均家庭除了共享的客厅等公共空间外应达到“一人一卧”，人均45平方米。四类住房的智能化和绿色化水平进一步提升。其次，应进一步缩小家庭之间的住房差距，中低收入家庭、新市民家庭住房改善水平提升速度快于全体居民住房提升速度。再次，四大体系的比重也将相应调整，乐居、康居比例进一步提升，安居和廉居比例进一步下降。

四、配套目标

住房发展目标不仅指住房本身的发展目标，还应包括外部软硬件生活和生活质量等配套目标。

1. 集中集约的居住小区

鉴于中国人多地少的国情，城镇住房应建立以楼宇为主体的规模适度的居住小区发展模式，小区楼宇及设施布局紧凑合理、集中集约，同时环境优美、功能齐全。无论是乐居、康居或安居都应达到宜居标准。

2. 便捷一体的基础设施

居住小区的生活及与外部联系的交通、通信、市政等配套基础设施功能完善、质量可靠、服务达标，从而保证居民便捷的生活和工作。这里不仅要考虑基础设施的总量，更要考虑基础设施在全市的分布和匹配。

3. 均衡完善的公共服务

包括与家庭及社区相对应的教育、医疗、商业服务、治安、计划生育、社区服务、社会管理等要均衡完善，尽量实现小区之间及小区内居民之间公共服务的公平。这不仅需要政府规划，更需要政府做出制度和政策上的安排。

4. 混合一体的空间布局

通过集中和分散相结合的形式将保障性住房、普通商品房和高档商品房分布在不同城市的不同空间里。总体要求这些不同类别的住房采取分类和混合两种形式，一部分实行高低区域分类，另一部分实行高低区域混合。

五、基本原则

1. 局部与整体的综合协调

国家和区域的住房发展，要与国家和区域的人口、资源、环境等条件相适应，与国家和区域的社会、经济发展的现状和未来趋势相吻合，与国家和区域的外部环境相协调，与国家总体经济社会发展规划以及其他专项规划相匹配。与此同时，住房制度的设计与国家整体的经济体制相协调，住房制度改革也需要配套制度的改革。

2．统一与分散的统筹兼顾

必须坚持住房制度框架和基本政策的全国统一，在供应体系、开发制度、土地制度、金融制度、交换制度、消费制度、分配制度等基本方面实施全国一致；同时在具体的标准和比例、方法和途径方面，允许大城市、中等城市、小城市和小城镇，东部、中部、西部等城市，进行因地制宜的创新探索。

3．政府与市场的动态结合

实行政府调节、市场运作和以居民为主体；国家、单位和个人合理负担；居民发挥主体作用，政府发挥支持和调节作用，市场发挥基础性作用；1/3 由政府保障、市场提供服务。政府对住房困难家庭、低收入者提供程度不同甚至“兜底”的保障，同时充分利用市场资源参与住房保障，1/3 由政府支持、市场运作；政府对中等收入家庭提供间接支持，中等收入家庭通过市场解决住房，1/3 由政府调节、市场运作；政府对高收入家庭的奢侈住房进行调节，高收入家庭通过市场解决住房。

4．保障与调节的取予并举

“低端有保障，中端有支持，高端有调节，三端相衔接。”住房是人的基本权利，因此，需要对住房在基本住房条件以下的住房困难户，提供基本的保障性住房。中国人口多、土地等资源少的国情决定中国城镇居民的住房消费是节约型的，应对奢侈消费和投资、投机进行调节和抑制。

5. 城镇与乡村的融合一体

国家制定城乡一体的经济、社会、环境，人口、资源与住房的发展和空间布局的科学规划。各地区建立辖区内城乡一体的经济、社会、环境，人口、资源与住房的发展和空间布局规划。将城乡住房按照统一平台、分类实施、独立编码、封闭运作、预留接口、逐步过渡的方式进行城乡房屋登记管理。城乡商品房市场一体化，农村居民可以到城市租购住房，城市居民也可进入农村租购住房。建立农村住房先实现完全产权，再进入市场合法转让的制度。城乡商品房市场实现统一。城乡商品房实现同权同价。城乡住房保障一体化，城市居民可在规划许可的情况下，在农村建立保障性住房，供城市居民居住；农村居民迁徙到城市后，可以享受城市的住房保障；当城市地区人口增加，农村地区人口减少时，相应地减少农村地区住房和建设用地面积；当城市人口增加时，扩大城市地区住房与建设用地面积。建立城乡人房平衡机制。

六、住房体系

1. 以产权化为主线，构建中国住房的市场和保障体系

如果自用或租用完全自有产权的就是市场化商品住房；如果租用完全国有产权的住房就是完全保障住房；如果购买和租用公有和自有组合的共有住房，就是不完全保障住房，并且根据公有和自有的比例确定不完全保障的程度。最重要的是市场住房和保障住房、市场和保障住房体

系可以相互转化。未来随着生活收入水平提高，全社会可以提高自有的产权比例。而对一个家庭，在一开始收入有限时可以持有较少的产权比例，未来收入提高可以逐步持有更多比例甚至完全自有。与此同时，对于经济适用房等各种类型的保障性住房，只要有政府的投入、补贴，就可以把投入做成股权，让其成为整个住房产权的一部分（无论是交税还是未来溢价分成都与产权挂钩）。

2. 以城镇化为基础，构建中国住房的空间体系

在当前中国城市化进入新阶段的背景下，城乡之间、区域之间、城市之间、城市内不同的区域之间的住房需求是不一样的。现在，一线的中心城市缺房，都市圈需求火热，但同时大量的农村住房及远离都市圈和大城市的小城、小镇住房已经远远过剩。当前形势下，应该根据城市化发展的阶段和人口空间流动规律，从空间的视角研究、规划、建设、监管、调控中国住房体系或者住房的空间体系。过去我们是按一、二、三线城市对城市进行分类，现在中国城市化发生了重大的变化，进入了大都市区时代，整个城市体系发生了变化，相应的住房空间体系也在动态变化。所以，要以城市化为基础，构建住房的空间体系。根据人口流动的趋势，思考空间内的产业发展前景，进一步构建、规划一个面向未来、面向整个中国的住房的空间体系。同时，相关的政策举措要跟上，避免发生人口聚集但土地规划没有跟上的情况。规划出台后，政策需要配套，此外还需要时间落实到地方政府，土地、人口各类指标怎样逐步地落地存在很大的问题，在规划上、政策上，甚至在未来的调控和管理上，都要基于城市化背景下的全国人口分布的变动来规划政策配套的住房体系。

3. 以智能化为目标，构建中国住房的品类体系

新建住房、老旧住房都面临环保、智能化、完善各种功能的任务。由于中国城镇化还没有结束，城市群、都市圈及其周边地区城镇化潜力巨大，新建住房的潜力也巨大，但是接下来的住房应该是绿色、智能、多功能的住房。而对于更多的城市，老旧住房的改造将会逐步成为主要的任务，这个改造也应是绿色、智能和多功能的。总体上，中国住房发展潜力很大，质量提升空间更大，找准这个方向不仅能更好地解决中国城乡居民的“住有好居”，而且能够对中国经济增长、转型和高质量发展作出巨大贡献。

第二节　住房制度基本模式

住房发展过程中的政府与市场的关系，即住房发展总体制度模式，也可以称为住房发展的途径或者住房发展的总体制度体系，决定着住房发展目标，决定着住房的具体制度，包括核心制度和配套制度。要落实“房住不炒”的定位，实现“住有所居”的目标，结合中国的实际，笔者认为根据城镇家庭成员的收入、负担、资产和工作年限等状况，分别由政府、市场及政府与市场结合，提供性质不同、标准有别的“两大体系，四类住房模式”。具体分类如下：

建立以市场为主，提供多种形式供给的租售并举的市场制度体系。对于城镇有能力参与公平竞争、等价交换的需求主体，通过租售多层次市场供给以满足多层次需求，政府加以调节抑制投资和投机，与此同时，支持包括新市民在内的消费需求，这是同时实现公平与效率，确保

主体收益和效用最大化的最优途径。多层次住房市场体系即各类商品房体系，总体可以概括为乐居住房与康居住房两个层次，相应需匹配建立和完善乐居市场的调节制度和康居市场的支持制度。在农村，针对大多数中间收入家庭，在各地政府制定自居标准内，无偿使用宅基地，农民自建房享受优惠的金融和税收政策支持。针对少数高收入家庭，在各地政府制定自住标准外，有偿使用宅基地和农村建设用地，自建和代建（超过规定的宅基地标准）商品房，用于自住或出售（享受优惠的土地、金融和税收政策调节）。

建立以政府为主，提供多渠道保障的租售并举的保障制度体系。对于无力参与公平竞争、等价交换的需求主体，通过以政府为主提供基本保障以满足其市场之外的基本需求，同时利用市场功能或模拟市场机制，这是保证公平、兼顾效率，进而解决住房问题的有效途径。以政府为主提供基本保障住房体系即保障性住房体系，总体可以分为安居住房与廉居住房两个层次，相应需匹配建立和完善安居住房政府有限保障制度和廉居住房政府“兜底”保障制度。在农村，针对低收入和最低收入家庭，由集体组织和国家投资建立，产权归集体所有（享受优惠的土地、金融和税收政策保障）。

打通保障性住房体系与商品房体系的壁垒，使其兼容贯通。一方面，建立政府或住房保障部门从市场购买、租赁或认定的符合保障性住房标准的商品房，作为保障性住房供保障对象租购的制度。另一方面，在一定条件下，允许公有保障性住房、共有产权房通过购买的方式转为商品房。

一、"政府调节，市场配置"——乐居住房体系模式

在城镇，约30%的高收入和中上收入的常住人口（包括户籍居民和新市民）按照1∶4的租售比例，完全通过市场获得和使用面积较大、品质精美、功能先进、配套高端、价格昂贵、居住环境惬意的乐居住房，即高档商品房。为此，要建立"政府调节，市场配置"的乐居住房制度。一方面，健全商品房市场基本制度体系，使得高收入家庭能够在"住房货币工资"市场自由租赁和购买高档商品房。另一方面，完善商品房政府调节制度，包括税收、金融、土地、行政监管等，对奢侈消费、投资和投机征收房地产税，从而来约束资源占用，抑制过度投机，调节收入分配，促进社会公平。

二、"政府支持，市场配置"——康居住房体系模式

在城镇，约40%的中等收入家庭（主要包括户籍居民和工作年限较长的新市民），按照1∶3的租购比例，在政府优惠政策支持下主要通过市场获得和使用面积适中、品质优良、功能齐全、配套完善、价格居中、居住舒适的康居住房，即普通商品房。为此，要建立"政府支持，市场配置"的康居住房制度。一方面，中等收入家庭主要利用货币化的住房工资，从市场租赁和购买普通商品房。另一方面，政府主要通过政策性抵押担保、贷款贴息以及对金融机构的优惠，通过税费减免（包括免征物业税，购房款抵扣所得税等），为中等收入家庭通过市场获得住房提供轻度保障。

三、"政府主导，市场参与"——安居住房体系模式

在城镇，通过租购（租购比例约为 2∶1），大约 20% 的工作稳定、住房困难、收入中等的新就业家庭和收入中下的工薪阶层（包括户籍居民和新市民），获得和使用政府主导供应的面积适当、质量可靠、功能齐全、配套完善、居住体面的安居住房，包括保障性的公租房与公购房（包括棚户区改造房、拆迁安置房和经济适用房）。为此，要建立"政府主导，市场参与"的安居住房制度体系。一方面，低收入家庭通过"住房货币工资"和公积金等政策性住房融资，购买和租赁安居住房。另一方面，特许开发企业通过土地无偿划拨、税费减免、优惠贷款等，提供低价保障性住房包括公租房和公购房（限价房、安置房、棚改房）。

四、"政府配给，模拟市场"——廉居住房体系模式

在城镇，大约 10% 的低收入及以下住房困难的户籍人口，主要通过租赁形式获得和使用政府主导供应的面积较小、质量可靠、功能齐全、配套完善、满足基本需求的廉居住房，即低廉公租房（价格更低、面积更小的公租房）。为此，要建立"政府配给，模拟市场"的廉居住房制度体系。一方面，政府借鉴和模拟市场化的开发、融资、分配和经营管理方式，通过直接建设或者企业代建或者政府采购，提供低廉公租房。另一方面，最低收入和住房困难家庭通过政府行政性发放住房补贴（货币分配）或者直接行政分配住房（实物分配）获得廉居住房。租赁补贴以货币形式直接全额或大部分补贴给保障对象，由其自主租赁住房。实物配租以保障对象租赁政府提供的廉居住房并缴纳较低的租金的方式提供保障。实行租赁补贴和实物配租两种"兜底"保障方式。

第六章　完善住房核心制度，形成住房核心机制

第一节　建立多元化的产权制度，形成产权激励约束机制

一、建立多元化的产权制度，形成产权结构与收入及偏好相匹配的机制

产权是住房的核心制度，基于全球发展趋势与中国传统观念，住房产权制度改革的目标为建立“产权多元，自有为主”制度。主要包括自然人家庭自有产权、法人产权、公有产权和共有产权四类，且以自然人家庭自有为主，企业法人所有、公有、各类共有为辅。大致比例为：公有产权和法人产权占全部住房的比例为 10%，住房主要包括廉租房；共有产权保障性住房占全部住房的比例为 20%，住房主要是安居保障性住房，包括经济适用房、限价房等；自有产权住房占全部住房的比例为 70%，主要是康居和乐居商品房，其中，优抚政策优惠取得的普通商品房，即康居住房占全部住房的 40%，私人市场购买和出租高档商品房，即乐居住房占全部住房的 30%。从而使得居民家庭的住房产权

结构与其承受能力及偏好相匹配，建立产权结构与收入及偏好相匹配的机制。

二、建立共有产权制度，形成收入与产权结构动态匹配的机制

共有产权住房即共有人对共有的住房按照其份额享有所有权。共有产权住房制度不仅可以进一步明晰各类商品住房和保障性住房产权，提高住房市场资源配置效率，更重要的是它可以形成收入与产权结构的动态匹配机制。让城镇不同收入的家庭通过产权共有形式获得政府、社会和私人部门的帮助，获得可支付的住房，并根据收入变化不断调整其持有住房产权的比例。

建立公有产权应坚持如下几个原则，一是充分发挥市场机制作用原则。最大限度利用市场机制的资源配置作用，减少政府有形之手对市场的干预，降低制度成本，充分调动各方的积极性，提升住房市场效率。二是简略可操作原则。政策制度及方案设计应尽量简略明了，易于理解和操作。降低不必要的信息成本，提高制度运行透明度。三是衔接兼容原则。共有产权政策制度与实施方案的设计应做到横向与纵向兼容，尽可能实现保障性共有产权住房与原存在的各种保障性住房形式之间、保障性共有产权住房与一般商品房之间政策制度的无缝衔接。

1. 共有产权住房的一般制度规则

只有明确产权归属、共有比例、收益分配，产权所有的利益才能得到保障。首先，共有产权人及其产权份额。住房的共有产权或由共有人共同出资购买或共同投资建造设立，或由开发企业或原住房所有者转让部分产权份额给共有人设立，或由共有者对共有的住房没有约定的按份

共有或者共同共有。按份共有者对共有的住房享有的份额，没有约定或者约定不明确的，按照出资额确定；不能确定出资额的，视为等额享有。其次，共有产权住房相关事项及权利。可以用在共有住房中的股权份额为质押，申请住房按揭贷款、商业贷款。共有者可按事先约定对住房进行装修和维护，按股权分担成本，但不得做出使住房价值贬损的装修、装饰或更改。无权单独抵押、质押共有住房，无权单方出售共有住房。共有者可以根据约定采用实物和货币分割共有住房。共有者所有、使用、出租住房产生的各种收益，以及共有住房出售后的增值收益，应按股权或事先约定在持有者之间进行分配。再次，共有产权交易。共有产权任何一方可以转让所持有的产权份额给具备条件的其他一方或多方。

2. 共有产权商品住房制度

确认、转让、交易与收益分配制度，让城镇新市民通过“半购半租”解决住房问题。实行产权开发商部分持有，部分出售给购房者的办法。开发商与购房者可按不同的比例组合持有，开发商将持有产权部分租给业主，并商定未来若干年以怎样的价格全部出售给购房家庭。

3. 政府与家庭共有产权保障住房制度

为了解决机构职工家庭住房问题，政府以土地使用权出让优惠、税收优惠、特许经营权注入、资金注入等方式投入，并取得事先约定的产权份额。共有家庭使用共有住房的全部空间，并向政府支付份额租金。政府与家庭共有产权住房使用方法、管理维护、处置、转让、退出、收益分配、债权债务、融资、税费、分割等制度是一般性规定的具体化。要成立专门的管理机构管理此类共有保障住房，代表政府行使住房产权共有人的权利，同时负责与共有产权住房相关的保障性事务管理。也可成立专门的政府住房产权管理机构，单独行使政府作为住房产权共有人的权利。

4. 政府、机构与家庭共有产权保障住房制度

为了解决机构职工家庭住房问题，或为了广泛吸收社会资本参与住房保障制度建设，经机构发起，可以按相关规定设立政府、机构与家庭共有产权住房。政府以土地使用权出让优惠、税费减免等方式投入，并按市场估价计入产权份额。机构与家庭股权份额的共有产权住房在使用方法、处置、管理维护、收益分配、股权回购、减免、救济、产权分割、违约责任等方面，涉及政府份额部分的同“政府与家庭共有产权保障住房制度”的相关规定。对这类共有保障住房，要成立专门的管理机构，代表政府和机构行使住房产权共有人的权利，同时负责与共有产权住房相关的保障性事务管理。也可成立专门的住房产权管理机构，单独行使政府和机构作为住房产权共有人的权利。

5. 机构与家庭共有产权保障住房制度

为了解决机构职工家庭住房问题，或为了广泛吸收社会资本参与住房保障制度建设，经机构发起、家庭参与，可以按相关规定设立机构与家庭共有产权住房。机构与家庭共有产权住房使用方法、管理维护、处置、转让、退出、收益分配、债权债务、融资、税费、分割等制度是一般性规定的具体化。对这类共有保障住房，要成立专门的管理机构，代表机构行使住房产权共有人的权利，同时负责与共有产权住房相关的保障性事务管理。也可成立专门的住房产权管理机构，单独行使机构作为住房产权共有人的权利。

三、建立保障性住房产权管理制度，形成保障性住房激励和约束机制

明晰产权就是对保障性住房的产权主体、产权构成、产权收益做出明确的界定。只有明晰和保护产权，才能有动力、有效率、有条件地对保障性住房进行建设、管理、交换、维护。因此，要建立保障性住房产权管理制度，形成保障性住房激励和约束机制。

1. 建立保障性住房的出资人制度

首先，明晰产权。保障性住房产权归出资人所有，明确不同类型的租赁和出售的保障性住房的产权归属、共有比例、收益分配，保障性住房才能有动力、有效率、有条件地被投资、融资、建设、管理、交换、维护，出资人的权利才可能得到保护。其次，履行出资人责任。保障性住房的投资或产权主体，国有资产管理委员会或国有资产管理公司、企业法人、自然人（保障对象）有权利和责任对分别或共同投资所形成的资产进行监管，实现保值增值，获取增值收益，对保障性住房的产权完整性及其收益实施管理，确保资产的保值增值。

2. 建立行政主管部门的监管制度

制定住房保障法律和相关行政性规定。行政管理部门依据相关法律和制度规定，对保障性住房经营部门的建设、开发、经营、分配等进行监督和管理。

3. 建立保障性住房的经营管理制度

建立保障性住房管理的事业机构等，向出资人和政府负责，负责

对国有保障性住房资源进行维护、对住房安全进行管理和检查，并对物业服务公司工作进行指导和监督，确保资源完整和保值增值；负责向租房保障对象收取房租，交由投资主体，用于保障性住房的维修、还款及其投资收益。

四、完善住房产权的行政监管制度，形成住房产权保护机制

1. 全面实施不动产统一登记制度，形成产权激励机制

加快推进不动产登记的职能整合和管理完善，加快城镇国有土地上的住房所有权和农村集体所有土地上的住房所有权的确权、登记和发证。针对小产权房，实施交纳土地转让或者土地用途调整费后，给予确权登记。

2. 构建全国一体的房地产信息系统，形成信息共享机制

构建丰富、真实、系统的住房信息平台和数据库，将涉及住房保障的综合信息、房地产信息、保障对象信息、保障性住房信息、个人诚信信息录入其中；将已经建立并掌握在不同部门的住房信息平台和数据库，通过协议机制与物理设施实现互相连接和共同分享。整合住房、人口、土地、收入、金额、税务等信息，建立部门共享的房地产综合信息平台。定期开展全国城镇住房普查，全面实行新建商品住房和存量住房交易网上签约，推进住房信息系统全国联网。

3. 建立全面覆盖的住房产权监管制度，形成产权保护机制

通过明晰住房产权的确权、分割、交易、处置等制度及其监管制

度，形成住房产权的保护机制。保护住房权利人的合法财产权，保障住房交易安全，发挥市场机制作用，提高交易效率与便利度。

第二节　完善住房多渠道供应制度，形成竞争性开发机制

一、建立渠道化供应体系，形成供需匹配的机制

1. 建立多渠道商品房供应体系

建立政府、集体组织、个人家庭、公私企业、住房合作社等多元主体共同开发、租赁与服务的乐居住房制度和康居住房制度，形成竞争性开发经营机制。

2. 建立供需匹配的制度

从时间上，根据经济社会发展水平、人口变化趋势和存量住房情况，研判市场需求，引导企业合理确定新建商品住房供应规模和结构，科学把握供应节奏。从空间上，根据经济社会发展和人口迁移导致的住房空间需求结构变化，及时引导市场在供给层面进行空间结构调整。

3. 建立基金主导的制度

通过设立房地产基金，一方面聚集社会资金支撑供给，另一方面促进供给对需求的适应和匹配。与此同时，投资者获取投资收益，基金获得管理利润，开发企业获得开发利润，中介或者经纪获得管理利润，居

民获得价格合理的住房。对于保障性住房和政策房，政府通过投资和税费减免作价入股进入住房产权。

二、完善多元化租赁住房供应体系，形成租购均衡机制

1. 缩小开发企业和租赁企业自有资金比例差别

一方面，实行现房销售制度，从而提高开发企业自有资金的比例。另一方面，降低租赁企业自有资金比例。

2. 建立企业自持住房出租的激励制度

降低企业自持住房租赁准入门槛，鼓励自持住房企业经营房地产租赁；降低开发企业进入非住宅地产、房地产租赁以及与房地产相关的金融等服务业门槛；鼓励开发企业与租赁企业合作，探索建立以金融为中心，开发与租赁一体化、专业化的运作模式。

3. 建立家庭闲置住房出租的激励制度

一方面，降低自有闲置住房出租税费成本。另一方面，增加自有闲置住房闲置税费成本。

三、建立多层次保障性住房供应体系，形成与居民收入层级相匹配的机制

针对居民家庭收入等方面的差异，应建立轻度保障、适度保障、完全保障等多层次的保障性住房供应体系，形成与居民收入层级相匹配的机制。

1. 建立公购房多元化供应体系制度

建立各级住房保障的非营利事业机构（中心或者局），其代表政府或直接开发安居公购房或者委托开发公司开发，或购买商品房转为安居公购房，或者负责支持企业、社会机构、住房合作社、职工单位、城镇居民从事安居公购房开发，向安居对象提供公购房。分别提供轻度和适度支持企业开发、职工单位开发、住房合作社开发的供应体系。

2. 建立公租房多元化供应体系制度

建立“建购储定”的公租房供应体系，即政府及住房保障的非营利事业机构（中心或者局），直接建设新房作为公租房，收购新、旧商品房作为公租房，政府租用商品房作为公租房，认定保障家庭租赁商品房为公租房，积极探索“居民自租，机构认定，政府补贴”的社会租赁制度。

3. 建立保障性住房供给管理制度

各级住房保障的非营利事业机构（中心或者局），负责保障性住房的供给。各级政府主管部门负责保障性住房供给的监督。各级住房资产管理机构负责保障性住房的产权保护。相关开发和租赁企业作为市场主体，接受政府委托和特许经营从事保障性住房的建设、经营和服务。

四、完善企业监管制度，建立企业约束机制

1. 建立风险监测制度

引入房地产企业第三方评估制度，建设“中国房地产信用档案”

系统。通过综合评估企业资产负债、经营绩效、诚信状况等，对评估企业做出风险提示和监管提示。

2. 完善开发建设制度

提高住房质量标准、安全标准和服务标准，建立质量安全的开发商责任终身制和施工过程监理单位、施工单位终身责任制。

3. 完善租赁经营制度

进一步完善租赁企业的经营规则，加大行政部门对租赁企业监管和违规惩戒力度。

第三节 建立租售并举的交换制度，形成租售动态均衡机制

在交换制度上，无论保障性住房还是商品房未来都应该建立“租售并举，先租后买”的制度。商品房以售为主，保障性住房以租为主。新就业家庭以及新市民可以租为主，先租后购，同时保持一定比例的“半租半持”。而在农村，住房可以自建为主，租售为辅。

一、完善住房租售制度，形成租赁与销售衔接机制

1. 完善住房销售制度

第一，建立现房销售制度。现房是指消费者在购买时即买即可入住的商品房，现房销售制度是住房建设完工，工程质量验收合格，开发商

已办妥所售房屋的各项权属关系，与消费者签订商品房买卖合同，立即可以办理入住并取得产权证的制度。第二，允许部分小产权房转让。允许符合城乡发展规划，在完成土地集体所有制向国有制的转变，补交土地出让金后，农民及其集体组织的、建设的包括自主及其以外的住房可以作为商品房自由转让，也可以出租。第三，允许小产权房出租。小产权房在土地没有转为国有之前，不得转让，可以合法出租，郊区农民空置的自住房也可以合法出租。

2. 完善住房租赁制度

第一，建立承租者保护制度。实行租房长期合同制度，规范住房租赁的操作规定，实行租金价格年涨制度。第二，实行租售同权制度。签订长期承租合同，有稳定工作的承租者（包括新市民），与户籍居民享受同等的教育、社保、医疗、养老、就业等公共服务。

3. 建立“先租后买”的制度

第一，完善商品房承租人优先购买的制度。承租人优先购买权制度是民事法律制度中的一个特殊法定优先权利，应进一步修改和完善民法中的相关条款。第二，建立商品房先“半租半购”后完全购买的制度。建立开发商和原房屋所有人产权部分持有和部分出售给购房者的制度。共同到银行办理并获得抵押贷款。开发商和原房屋所有人与购房者可按不同的持有比例组合，将持有产权部分租给购房者。并商定未来若干年以怎样的价格全部出售给购房者。第三，建立保障性住房先“半租半购”后完全购买的制度。政府将土地划拨作价、税费优惠、财政补贴作为住房的公有产权，住房保障对象以住房总价格的一定比例购买另一部分产权。在购买满一定期限后，保障对象通过支付一定费用购买政府持有的公有产权。

二、引导供求合理布局，完善供求空间匹配机制

适应新型城镇化发展要求，优化城市发展战略，强化规划引领作用，引导人口有序流动，实现住房需求合理分布。

1．推动城市协调发展

科学编制全国城镇体系规划，优化大、中、小城市布局。加强城市群内特大城市和中、小城市基础设施互通。提高中、小城市教育、医疗、文化、养老等公共服务质量。人口过多、房价过高的超大和特大城市要加快疏解部分城市功能，带动周边中、小城市发展，避免人口过度、过快集中。

2．优化城市空间结构

转变城市规划建设理念，统筹安排城市生活、生产和生态空间，完善公共交通网络，均衡配置公共服务资源，推动产城融合，促进职住平衡。超大和特大城市要逐步形成多中心城市布局，减轻中心城区住房需求压力。

3．建立因地制宜的租售体系

在空间上，中、小城市，小城镇以售为主；大城市以租为主。并根据经济社会发展导致的住房租售空间需求结构的变化，及时调整租售体系。

三、完善市场监管制度，完善住房交换的约束机制

1．完善监测制度，建立风险预警机制

第一，建立房地产市场评价体系。以房价收入比、租售比、保障性住房占比、去化周期、价格波动幅度等为主要指标，对房地产市场进行评价。评价结果作为判断市场形势的重要参考、启动预警机制的重要依据和地方党政干部实绩考核的重要内容。第二，建立房地产市场监测预警机制。科学设置房地产市场预警指标，确定风险等级标准，制定应对预案。动态监测土地、住房、金融等相关指标变化，充分利用大数据技术，提高分析和预警能力。房地产市场波动超过一定幅度时，要及时启动风险预警机制。第三，健全价格监管制度，完善商品住房定价机制。开发企业销售商品住房，要进行价格申报备案。在售商品住房房源及单套价格必须向社会公布，根据房价涨跌，采取差异化的申报备案方式。制定房价及涨幅与经济社会发展、居民收入的关系参考标准，根据房价及涨幅超标的实际状况，在紧急必要时启动临时限价机制。

2．完善房地产中介机构监管制度，形成监管机制

整顿房地产中介市场秩序，规范房地产中介机构行为，提升中介机构人员整体素质，加强交易资金监管，维护交易双方合法权益。第一，简化审批程序，从严事中监管。加强房地产中介机构监督管理，中介机构依法应具有足够数量的专业人员。完善房地产经纪人员职业资格制度，经纪人员实行实名挂牌服务。健全中介信用体系，完善严重失信主体“黑名单”制度。第二，完善收费制度，规范收费行为。房地产中

介费用，按单套成交额的一定比例收取。收费比例按成交额高低分档确定，成交额越高比例越低，具体标准由各地根据实际情况确定。中介机构一律不得超标准收费。第三，健全信息披露制度，公开房源信息。中介机构应将房源信息在城市政府住房交易信息平台公布。建立住房租赁信息服务平台，出租人与承租人应及时、真实地发布租房供求及价格信息。中介机构发布的房源信息必须全面、真实、准确。对发布虚假信息的中介机构，依法依规从严处理。第四，强化行业自律，建立行业自净机制。健全房地产行业协会组织，加强行业协会能力建设，制定行规行约、执业从业标准、职业道德准则和争议处理规则，充分发挥行业协会在行业自律、监督、协调、服务等方面的作用。与此同时，建立民间信用信息系统，改革质量监理市场制度，完善行业协会自律制度；针对新业态和综合业态，完善相关的市场监管制度。完善房地产行业规则，建立严格的违法及违规惩处制度。

3. 完善预期监管制度，建立舆论监管机制

第一，建立信息发布制度。准确的市场信息不仅对市场决策极为重要，而且有利于破除市场谣言。各级政府的相关部门，建立和完善新闻和信息发布制度，主动、及时发布相关市场信息和政策信息。加强宣传工作，有关部门要及时发布房地产市场权威信息，公开实际情况和调控措施，稳定市场预期。第二，建立舆情引导机制。新闻媒体要发挥好正面引导作用。首先，实施前瞻性引导制。借鉴宏观经济前瞻性引领调控政策，针对房地产当前和未来的情况。为了让房地产市场向政府预期的方向调整，可以提前发布相关信息。其次，对市场传言要做出及时回应。针对市场传言或者舆论对政策或制度变革的误解，政府相关部门要及时回应市场，做出必要的澄清。第三，实施多部门联手回应市场的制

度。由于房地产市场涉及多个部门，因此，对市场回应除了分工明确以外，还要携手联动。

第四节　建立货币化分配制度，建立工资及补贴与房价联动机制

一、建立“货币分配为主，实物分配为辅”制度，形成市场供求机制

住房是耐用消费品，消费需要支出，支出根源于收入分配，住房分配可以理解为收入分配的重要构成部分。收入分配可以是实物分配也可以是货币分配。住房分配应采取实物分配和货币分配两种形式。但是，货币分配能够更好地发挥市场配置资源的决定性作用，提高效率，降低成本。

1. 建立以购租康居商品房和乐居商品房货币化分配为主的制度

购买康居普通商品房和乐居高档商品房的中等和高等收入家庭主要采取货币化分配形式，购房支出从高收入家庭自身工资等收入中支出。

2. 建立购租安居保障性住房和廉居保障性住房货币或实物分配制度

对于安居房的分配和补贴主要采取货币化制度。对于廉居房的分配和补贴既可采用直接的实物分配制度，又可采取货币分配制度。

二、建立“购租与工资补贴分离”制度，形成市场供求机制

1. 实行住房货币工资发放与租购商品房相分离的制度

职工所在单位发放包括住房支出的工资以及住房公积金补贴。职工利用工资和住房公积金在市场上租购合意的乐居、康居或安居住房。

2. 实行发放住房补贴或住房券制度与租购保障性住房相分离的制度

采取市场提供房源、政府发放补贴的方式，政府及住房保障性住房管理部门，一方面，制定住房保障补贴的标准，根据标准向不同的保障对象提供差异化的保障补贴或者租购住房券；另一方面，制定保障性住房租购标准，建设或向市场购买、租赁或认定商品房，作为保障性住房，供保障对象租购。对于租赁政府收储的私人住房或者直接租赁私人住房的保障对象，通过签订保障对象、房主和保障性住房管理中心协议，向保障对象提供补贴。对于租赁政府所有的保障性住房，同样按照市场价格，通过签订保障对象与保障性住房管理中心协议，由保障对象向保障性住房管理中心交付补贴额以外的房租，政府采取收补两条线管理和直接挂转，为保障对象提供补贴。

三、建立“住房工资和补贴动态调整”制度，形成工资和补贴增长与房价增长挂钩机制

1. 建立商品房的房价与工资同步增长的制度，形成住房货币化工资动态调整机制

修改现行的工资法规，明确规定政府、企业、事业单位的各类职工

（包括农民工）的工资构成中包含住房工资。同时规定将住房工资与房价涨幅相挂钩，定期调整住房工资标准。

2. **建立保障性住房租售补贴与租售价格同涨制度，形成保障性住房货币补贴动态调整机制**

首先，政府兜底补贴。政府根据基本居住标准、家庭住房承受能力（通过家庭年收入折算），提供市场标准价格与家庭住房承受能力的差额补贴，提供租售补助。其次，补贴动态调整。将租住公租房的货币补贴与房租价格挂钩，形成房租上涨而货币补贴随之同比上涨的机制。将购买保障性住房的货币补贴与房价挂钩，形成随着保障性住房价格的上涨而货币补贴随之上涨的机制。

四、建立严密的分配制度，形成保障对象与保障性住房品类相匹配的机制

1. **统筹供求，区别租售**

一方面，通过不同形式实施配租，包括接手政府建设和购买的公租房，备案企业自建和购买的公租房，以及收储和认定社会商品房的房源，签订租赁合同，实施配租。另一方面，保障性住房管理部门、住房管理部门、售房者、购房者签订销售合同，界定保障性住房权属关系和权利能力，实施配售。

2. **规范程序，严密制度**

一方面，建立和执行标准的保障性住房配售和配租程序；另一方

面，建立公示、申请、审核、轮候、交易、年检、退出制度，确保保障对象与保障性住房品类的匹配机制。

五、完善保障性住房监管制度，形成相互制衡机制

1. 建立监督机构：四方监督，相互制衡

完善上级、同级、内部和社会四方监督的监管领导体制，形成多层、立体的监管网络。

2. 明确任务规则：分解任务，细化规则

将总体任务具体落实到各单位、各部门以及个体执行者身上，确定任务内容及完成时间，以确保任务按时、按质、按量完成，同时也为监督和奖惩提供依据。将执行任务的行为制度和规则进行细化，将有关的法律法规进行细化，以便规范行为者的行为，同时也为监督和奖惩提供依据。

3. 细化监管制度：量化标准，细化办法

对相关责任主体完成任务程度的奖惩和相关行为主体遵守和违反相关工作规则的奖惩规定具体的办法。对相关责任主体完成任务程度和相关行为主体遵守和违反相关工作规则的程度规定定量的奖惩标准。

4. 强化监管检查：依法监督，公开监督

建立四方监督的具体制度规则和目标责任，对责任主体实施四方依法监督，并将监督的结果公开。

5. 追究失职责任：依规问责，依法追究

党政主管部门和司法部门根据监督结果等对有关责任部门的责任人评定目标任务的完成情况，规章制度、法律法规的遵守情况，对责任单位和责任人进行问责和处理。

第五节　建立住房过滤使用制度，形成供需动态匹配机制

一、建立住房“阶梯消费，过滤使用”制度，形成家庭收入和住房品级相匹配的机制

一方面，住房的异质性、耐久性以及质量、价格决定了住房具有随时间流逝而损耗的属性；另一方面，家庭生命周期内的收入等条件有动态变化的特点。因此，首先，不同收入水平的家庭与不同层级的住房可以正向匹配。其次，不同收入水平的家庭与不同层级的住房可以在动态调整中正向匹配。

1. 建立差别化、动态化的住房等级分类制度

允许各地根据当地实际情况，制定高档商品房、普通商品房及保障性住房的一体化衔接的标准，并根据经济社会发展、收入水平增长以及住房改善状况进行调整。

2. 建立商品房阶梯消费和过滤使用制度，形成家庭收入和住房品级相匹配的机制

通过完善市场体系，打通各类商品房的分割，实现住房的自由市场。首先，使不同中高收入家庭“各就其位”，购买不同层级的商品房。其次，使收入等条件改善的家庭，重新购租并消费更高层级的商品房，同时将原有旧房与小房租售给暂时收入条件相对较差的家庭消费。

3. 建立保障性住房阶梯消费和过滤使用制度，形成家庭收入和住房品级相匹配的机制

通过完善保障制度，实现各类保障性住房的统一调配。首先，通过住房分配，使不同人口等条件家庭“各就其位”，居住不同层级的保障性住房。其次，使人口等条件改变的家庭，重新获得并消费与其条件相匹配的保障性住房。

4. 建立因地制宜的动态消费体系

从空间上，根据大、中、小城市市情的不同，建立不同的阶梯消费和过滤使用体系，并根据各城市经济社会发展变化不断调整消费体系。

二、建立市场化的物业体系，形成充分竞争的机制

1. 完善商品房物业管理制度

进一步修改《物业管理条例》，完善业主及其委员通过市场选择、淘汰物业管理公司制度，形成充分竞争的物业服务市场。

2. 完善保障性住房物业管理制度

实行政府或者企业通过成立专门的房地产物业公司或通过协议、招标或者发放许可证委托房地产物业公司，从事公租房的物业管理。在政府支持下，保障对象通过成立业主委员会通过协议、招标或发放许可证委托国有和民营房地产物业公司从事物业管理。

三、建立“适度消费”制度，形成抑制投机的机制

一方面，中国人口多、土地等资源少的国情决定了中国住房消费应该是节约型的。另一方面，在城市化加速期的中国，人口在空间上快速流动。这决定居民“住有所居”的目标应刚柔并济。为此应建立适度消费制度，从制度上保障居住的同时禁止投机。其总体原则如下。

1. 保证“一户一房”制度

对每个家庭确保其能够通过租或者购获得一处住所，以实现“住有所居”的最低目标。其中，中高收入家庭利用自己的收入，通过市场租购住房。低收入和最低收入家庭通过自己的收入和政府兜底的补贴，从市场租购或者从政府获得一套住房。

2. 允许“一户两房”制度

对于中高收入家庭、新市民家庭，鉴于职住分离和人口流动的现实，应该允许其依靠自身力量从市场获得两套住房，在一定条件下也可获得政府支持。

3. 禁止“一户多房”制度

房子是用来住的，一个家庭拥有更多的房子除了投资可能就是投机。因此，一方面，应明确家庭或者个人拥有住房套数的限制。另一方面，完善购房用以出租投资的制度，鼓励持有物业者以法人主体从事住房出租。与此同时，建立家庭投资营利性或者公益性基金公司，基金公司投资或委托开发经营企业进行住房开发与经营（出租出售）。

各地根据自身城镇的等级、居住者国籍和居住时间，以家庭人口与构成为单位，制定住房面积和套数的支持、允许、限制和禁止标准。

四、完善消费监管的制度，形成住房消费的保护机制

1. 完善与住房消费相关的法律制度体系

抓紧修改《中华人民共和国城市房地产管理法》《中华人民共和国物权法》《物业管理条例》，增减涉及住房消费权益的相关条文。抓紧起草房地产市场管理、住宅、住房租赁方面的法律法规，填补相关的法律空白。从而对购买住房的质量、价格、售后服务和物业管理，对租赁住房使用的各种权力和权利等，依据公平原则进行更加明确而严格的规定。

2. 完善与住房消费相关的监督制度体系

首先，完善政府对开发企业、物业管理公司和中介服务机构的住房消费者服务行为的监管制度，细化监管内容，强化惩处机制。其次，完善居民及住房信息，建立居民购房产权登记的审核制度，超出标准不予登记。再次，严格监管规则，形成制衡机制。

第七章　完善住房配套制度，形成住房配套机制

第一节　建立“充分竞争”制度，形成“支住抑炒”机制

改革住房用地制度，应着眼于建立有偿使用和充分竞争的市场制度，形成支持“住”和抑制“炒”的土地市场机制。

一、完成城乡土地的产权制度，建立土地产权保护机制

1. 建立农村宅基地与建设用地的三权分置制度

加快集体土地所有权的确权登记发证，经营性建设用地使用权的确权登记发证，宅基地使用权的确权登记发证。赋予农村集体经营性建设用地出让、租赁、入股、抵押等权能，明确农村集体经营性建设用地入市范围和途径。赋予农村宅基地转让、租赁、入股、抵押等权能，使农民进城买房更加顺利和顺畅。

2. 建立城乡建设用地土地使用权同质、同权、同价制度

尽管城乡土地所有权不同，但其使用权作为一种财产权应该是平等的。同质相邻区位的土地使用权应该平等，价格也应该相等。

3. 完善两权分离的城镇国有建设用地产权制度

首先，确认和显化城镇国有建设用地的所有权，明确产权单位及其代理、管理机构。其次，明确所有权及其派生的使用权、收益权、处置权等之间的关系，明确各项权属的实现形式，以及各权属主体之间的关系。

二、完善土地交易和划拨制度，建立土地供求的匹配机制

1. 建立农村宅基地和建设用地使用权的市场交易制度

探索进城落户农民在本集体经济组织内部自愿有偿退出或转让宅基地路径。改革宅基地审批制度，发挥村民自治组织的民主管理作用。完善宅基地权益保障和取得方式，探索农民住房保障在不同区域“户有所居”的多种实现形式。

2. 建立城镇经营性用地多元化供求制度体系

第一，建立“农村集体建设用地”使用权直接入市制度，形成众多供求主体的一级市场。第二，建立多元化土地使用权二级市场。取消经营性用地土地储备制度，经营性用地土地使用权持有者在交纳相关税费后，通过市场自由转让使用权，形成二级市场有效竞争机制。第三，完善经营性用地的拍卖制度。建立城镇土地价值第三方评估制度，细化

和硬化拍卖双方的资金自有、后续开发等条件，形成市场价自动向评估价收敛的定价机制。

3．规范城镇政策性用地行政性划拨制度体系

第一，改革、建立统一征用制度。探索制定土地征收目录，严格界定公共利益用地范围；规范土地征收程序，建立社会稳定风险评估制度，健全矛盾纠纷调处机制，全面公开土地征收信息。第二，完善保障性用地行政划拨制度。共有产权住房用地由各地确定供应方式，可以划拨和协议出让。出让租赁住房用地可以按照规定在合同中约定分期收取土地出让金。

4．建立城镇建设用地使用权供给动态调整制度

第一，建立“住房土地指标随人口流动挂钩”的制度。改革土地指标计划供应制度，根据不同人口密度的合理标准和住宅建设用地占比的合理标准，建立城镇建设用地总量及增减与人口总量及增减挂钩的供求机制。第二，建立土地供应与商品房去化周期联动机制。根据住房发展规划、年度建设计划和商品住宅去化周期状况，制定土地供应年度计划和三年滚动计划，明确住宅建设用地供应规模、结构和时序，每年年初向社会公布。从而确保土地供求在时空上动态平衡。

三、建立土地价值的显性化制度，形成土地利用价格约束机制

1．完善城镇国有经营性用地（包括商品房）有偿使用制度

建立土地出让金的两种收取制度：在国有土地第一个出让期内实行

出让金一次收取制度；国有土地的第一次出让使用期满再出让时，开始实行分期收取制即年租制，形成约束土地炒作的机制。

2. 建立城镇国有公益性用地（包括保障性住房）作价入股制度

虽然公益性用地无偿使用，但是要将使用权按市场价作价为国有资产的股权，显化在使用单位总资产的构成中，作为所有权的派生权益为所有者持有，并发挥作用。

3. 建立使用农村自住宅基地和保障住房用地作价入股制度

农村自住宅基地和保障住房用地无偿使用，其使用权按市场价格作价以集体资产的形式，成为使用单位的重要股权，超额使用宅基地要向集体组织支付土地使用金。

四、建立差别化住房用地取予制度，形成四居用地收益联动机制

1. 建立乐居和康居住房用地收益的反哺机制

乐居和康居住房用地租费税等土地收益，进入财政专户和土地基金后，第一，用于政策住房抵押贷款银行、担保保险机构的投资；第二，用于中等收入家庭的抵押贷款利息补贴和违约担保。

2. 完善安居和廉居住房用地资产化的保障制度

第一，将土地作为公益性资产，通过行政划拨用于公租房、廉租房建设的用地，参照市场价格，作价入股，投资开发公有和共有产权的租赁房；第二，将土地作为经营性资产，作价入股，投资开发公有和共有

产权的租赁房，其收益用于公租房的还本付息；第三，对安居住房建设进行租费税减免，应作价作为保障性住房的股权投资。

3. **建立四居用地的取予联动机制**

第一，将乐居和康居住房用地等土地收益作为安居和廉居住房开发的投资和补贴的基本来源。第二，建立地价上涨的牵制机制。用土地上涨价来补贴因房价上涨超过购买力的差额。当乐居和康居住房用地地价上涨导致安居和廉居住房价格超出安居和廉居保障对象承受能力时，其价差的一定比例用经营性用地上涨的出让金来补贴。第三，建立乐居和康居商品房与开发安居和廉居配建保障性住房制度，通过开发商直接实现住房用地土地收益再分配。

五、建立三管分置的管理体制，形成各司其职的管理制度

1. **建立土地产权管理、土地行政管理、土地经营管理三者分离制度**

城乡土地行政监管由土地行政主管部门统一监管。土地经营权利交给土地的具体使用者。土地产权管理机构是代表国有或者集体土地资产所有者的机构，通过规范的制度使其使用权、资格权自由转让，并使其实现土地资产保值增值。

2. **完善土地监控制度，建立土地调控机制**

首先，建立城乡一体的土地垂直行政监管制度。健全中央对地方土地供应市场的监督制度和机制，监督和考核城市土地供应计划及其落实情况。然后，建立土地价格监测和监管制度。在已经建立的全国土地监

测体系的基础上，对各地土地价格实行限制性监督，要求土地价格涨幅不超出当地人均收入的增幅，将超出增长幅度的土地出让金收益上缴中央财政，并约谈和问责地方主要负责人。其次，建立土地使用监测和监管制度。推进落实批而未用土地的监管长效机制，建立“批后征地率”“征后供地率”，与土地计划指标分配、建设用地审批、相关试点设立、土地节约集约利用考核评估等工作联动。再次，完善土地用途管制制度。提升土地按用途分类和土地利用总体规划的科学性；完善农用地转为建设用地预先进行审批的程序和规则；修改《中华人民共和国刑法》等有关刑法法律法规，强化土地执法监督，严肃法律责任，对土地违法者追究刑事责任。最后，完善开发企业购地监管制度。严格审查开发企业购地资格。房地产开发企业必须使用合规自有资金购地。开发企业资金来源不符合规定的，取消土地竞买资格，竞买保证金不予退还，禁止在一定时间内参加土地竞拍，依法严肃查处违规使用资金购地的行为。

3. 成立各级国有土地资产管理委员会

国家国有土地资产管理委员会行使全国国有土地的产权代表权利，负责国家公益性建设项目土地和国有企业经营性土地的资产管理。地方国有土地资产管理委员会代表国家国有土地资产管理委员会行使辖区公益性和经营性国有土地的产权代表权利，负责辖区公益性建设项目土地和辖区企业经营性土地的资产管理。

4. 建立若干国有土地经营公司（土地储备中心）

负责国有土地的开发、整理和维护，负责城镇国有土地使用权的出让、回收等经营，负责保障性住房等公益性项目的土地支持。

土地制度改革所建立的基础制度和长效机制，让产权所有者、使用者主体的利益得以保障和实现，使土地资源在充分自由流动的基础上实现合理配置和“地尽其用”，使土地收益公平、合理分配。其不仅可以提升土地利用效率，减少土地违法占用的情况，减少土地领域里的权力寻租和腐败行为，而且可以化解土地及住房价格泡沫风险，对促进经济社会可持续健康发展、推进新型城镇化建设具有重要意义。

第二节　建立多层次的住房金融体系，形成“只住不炒”的融资机制

住房是价值较大、位置固定、要素稀缺的资产和必需消费品，这一特征决定了无论是保障性住房还是商品性住房，不管是开发还是消费，均需要也有条件得到“短借长还”的金融支持；与此同时，中低收入居民依靠自身无法实现“住有所居”，需要政府予以金融支持。政府拥有强大信用，利用房价短期波动、长期上涨的特点，可以建立政策性住房金融制度，支持中低收入居民解决住房问题。为解决居民住房问题，建立政策性和商业性相结合的住房金融制度体系，是世界多数国家尤其是成熟市场经济国家和地区的普遍经验。

实现“住有所居”的目标，需要建立多元化、多层次、普惠制的住房金融制度。形成商业金融与政策金融兼容、开发金融与消费金融并重、信贷市场与资本市场均衡、金融机构与金融市场相匹配的机制，让住房金融最终覆盖并惠及每个家庭。建立涉及房地产的各类金融工具的合理杠杆制度，形成“只住不炒”的“短借长还”机制。

一、完善多层次商品性住房金融体系，形成“短借长还”的融资机制

1. 建立商品房“基金主导、多元融资”的制度体系

首先，取消期房预售制度，实行现房销售制度，进一步规范开发企业的商业信贷制度，鼓励商业银行开发适合住房租赁业务发展需要的信贷产品。然后，规范开发企业债券融资，支持租赁企业债券融资。其次，改革租赁企业上市融资制度，支持租赁企业上市融资，提高开发企业上市融资的比例。再次，完善房地产企业的股权融资制度，支持租赁企业股权融资。最后，建立基金主导融资的制度。成立基金公司，以发行收益凭证的方式汇集特定多数投资者的资金，基金公司投资并委托专业机构运营开发和租赁企业，并将投资综合收益按比例分配给投资者。为此，规范开发企业通过基金融资，以及支持租赁企业通过基金融资，使之成为商品房开发和租赁融资的主体。

2. 建立商品房抵押贷款证券化制度

制定金融机构信贷资产证券化管理条例。建立房贷证券化推进的规范化机制。第一，应设定明确标准，由政府出资设立半官方的 SPW 住房抵押证券公司，允许私人机构出资设立住房抵押证券机构，开展商品房抵押贷款证券化业务，允许拥有一定规模住房抵押贷款的商业银行作为发起人，按照市场化原则发行证券；第二，适当降低基础资产质量门槛，投资级以上的资产均可作为房地产贷款证券化的基础资产；第三，逐步丰富抵押贷款证券化产品，起步时“转手抵押贷款证券”作为首选品种；第四，逐步完善发行对象制度，培育住房抵押贷款证券的机构

投资者，从定向发行逐步向中小投资者开放抵押贷款证券化业务转变；第五，规范发展房地产担保、信托与基金公司，成立政府抵押贷款担保保险机构，在一级抵押市场上为住房抵押贷款提供担保，充当无条件偿还贷款的保证者和保险者，在二级抵押市场上对住房抵押贷款组合进行强化担保，以提升住房抵押贷款证券的信用等级；第六，逐步完善中介服务体系，规范中介服务机构行为。

二、建立混合型保障性住房融资体系，构建“短借长还”的融资机制

1. 改革公积金制度，完善强制性住房储蓄制度

首先，按照建立住宅政策性金融机构的方向，改革住房公积金制度，选择有条件的地区开展试点：在全国498个地方公积金管理中心的基础上，将全国住房公积金贷款风险准备金转化为住房银行资本金，成立股份制的中国公积金住房银行总行，负责全国公积金金融统一运营，并按区域建立若干分行管理下属分支机构。将地方公积金管理中心及委托给商业银行的金融业务独立出来，成立中国公积金住房银行地方支行，负责辖区公积金的金融业务。将公积金管理中心改造成总行的股东单位及公积金缴存者的代理人，公积金管理中心行使监督职责，其股份根据其风险准备金占总比例确定并动态调整。其次，完善公积金的基础制度，改进住房公积金缴存、提取、贷款机制：建立公积金全覆盖制度，尽快将个体户、农民工纳入公积金制度之中。现在已建立公积金异地存取和转移接续制度。建立个人根据自身工资或收入的一定比例为自己缴存，政府与企业根据职工平均收入或居民平均收入的一定比例为每

个职工或居民缴存的制度。适当提高住房公积金存贷款利率，形成准市场利率的住房公积金基准利率。完善公积金提取用于租房的制度。建立公积金贷款证券化制度。

2. 建立国家住房发展银行，建立住房融资国家支持制度

在国家开发银行住宅金融事业部的基础上，由国家从财政或住房保障基金中拨付资金，同时吸收社会资金，建立国家住房发展银行，并在大中城市设立分支机构。为保障性住房的开发和消费进行直接（信贷）和间接（债券）融资支持。其主要职责：为保障性住房开发提供信贷支持，配合保障性住房货币化补贴，为包括新市民在内的保障对象购买保障性住房提供低利率的住房抵押贷款，为开发保障性住房的融资提供担保或保险，为金融机构的普通商品房或保障性住房抵押贷款的证券化出售提供担保或保险，购买金融机构的普通商品房或保障性住房的抵押贷款。相关住房政策银行也可以将抵押贷款进行证券化后在二级市场上出售。

3. 建立住房储蓄银行，建立契约性住房储蓄制度

对住房的开发和消费进行直接（信贷）和间接（债券）融资支持。在中小城市尤其是城镇允许进行住房合作社探索，在先试点再总结经验的基础上，制定住房储蓄银行法，建立居民建购房的储蓄银行等互助融资体系。第一，从住房储蓄客户和社会上以高于市场的存款利率吸收存款；第二，向住房储蓄客户以低于市场的利率发放贷款；第三，为住房储蓄客户的住房建造、维修、改造等融资；第四，银保监会制定相关法律对住房储蓄银行进行严格而审慎的监管。

4. 建立基金主导、多元化保障性住房开发和经营的融资渠道

向商业性金融机构和政策性金融机构进行信贷融资。向政策性金融机构和商业性金融机构进行股权融资。向机构投资者和社会公众进行债券融资。实行保障性住房投资或开发企业上市融资。借鉴商业性住房抵押贷款证券化的模式，建立保障性住房抵押贷款证券化的二级市场。通过募集社会资金和政府财政资金和资产投入，设立政策性基金，用于保障性住房的开发建设和租赁经营。

5. 建立政策性抵押担保和保险机构

由国家从财政或住房保障基金中拨付资金建立政策性抵押担保和保险机构。第一，为政策性住房金融机构进行开发和消费的贷款和购买债券提供担保和保险。第二，为商业性住房金融机构进行开发和消费的贷款和购买债券提供担保和保险，在保障性住房建设和消费的借款方与商业性金融机构之间搭建信用桥梁，将商业性信贷资金引入保障性住房领域。第三，尝试为商业性和政策性金融机构将保障性住房抵押贷款证券化出售，提供担保和保险。

6. 建立保障性住房金融的优惠政策体系

第一，对政策性金融机构包括公积金经营公司、政策性住房抵押银行、住房储蓄银行、政策性担保和保险机构实行税收减免等。第二，对商业性金融机构，包括商业银行，保险公司，各类基金、信托、担保公司，从事保障性住房金融业务的公司，分别制定科学、合理的税收减免、利息补贴等优惠政策，使其能够获得稳定而持续的商业利润。第三，对住房保障家庭购、建、租保障标准以内的住房融资，分别制定税

收优惠、利息补贴和抵押担保与保险等优惠政策，对住房储蓄存款者实行存款免税制度和国家奖励制度。第四，对金融机构、企业、法人和自然人进行住房政策性金融机构的股权投资和债券投资提供税收优惠。第五，通过制定优惠政策、制定政府长期投资的财务计划，以及设计针对商业金融机构的盈利模式，鼓励商业金融机构进行信贷融资，构建“短借长还”的融资机制。

三、建立住房金融审慎监管制度，形成“只住不炒”的约束机制

1. 完善国有金融机构治理体系

改革和完善金融机构治理体系，建立金融企业的微观约束机制。使金融机构的形成基于当前收益与未来风险的权衡，平衡资金在房地产领域和其他领域的配置，形成金融机构趋“住”避“炒”的内在机制。

2. 完善金融市场监管制度

第一，完善分类监管制度。参照国际监管标准，全面梳理银行、保险、证券和信托等各类业务监管规则，填补法规空白，更新滞后规则，废除过时规则。第二，强化穿透管理。制定标准化产品，提高信息透明度，使金融产品与实体项目一一对应，缩短投资和融资链条。完善开发企业资金来源和信贷比例的监管。第三，将公积金经营公司纳入金融监管范围，由银保监会根据金融法规，制定具体相关法规进行监管。第四，扎牢金融监管的制度篱笆，堵塞各种制度漏洞，清理和查处房地产市场的违规融资，对违规将资金挪移到房地产行业的行为进行从严处罚。

3. 建立住房金融审慎监管制度

第一，建立宏观审慎监管制度，建立房地产金融审慎管理基础数据库，建立房地产金融宏观审慎监测体系，明确开发企业、金融机构、居民部门的房地产及财务安全等级和标准。第二，完善对金融机构的审贷管理、最低房贷利率、信贷额外资金要求的监管。第三，完善对开发企业及其购地资金来源、信贷比例和额外资本要求的监管。第四，合理运用最低首付款比例、月供收入比、最长贷款期限等工具，调节房地产金融杠杆水平。第五，实施前瞻性引导政策，定期发布房地产金融审慎评估报告和相关信息，引导市场对未来房价的预期，使市场预期与政府目标预期靠拢。

4. 完善监管机构内部工作制度

健全金融监管部门间的制衡和协同机制，进一步强化和深化穿透式监管，严格实施金融监管的目标责任制度，做到“有责必问、问责必严”。

第三节　建立合理税收制度，形成“只住不炒”的调节机制

一、建立全国统一的税收制度，改革税收征管制度

1. 建立全国房地产税收制度

首先，建立房地产的税收全覆盖。凡是我国境内的房地产，全部纳

入征税范围，同时根据性质和用途的不同给予不同程度的减免。其次，实行统一税收制度。取消内资企业征收房产税、城镇土地使用税和外资企业征收城市房地产税的差异，取消三资企业不征收城建税、教育费附加、耕地占用税的政策优惠。

2. 构建自然人税收征管制度

首先，修改《中华人民共和国税收征收管理法》，将纳税人的关注范畴延伸至自然人纳税人，并与企业或单位纳税人同等重视，建立直接面向人数众多、房产众多的个人房产税纳税人的征管机制。其次，完善相关房地产的税法。为确保房地产持有人向税务机关纳税提供法律保障，对不履行纳税义务者给予法律制裁。

二、开征房地产税，重构房地产税收体系

1. 加快开征持有环节的房地产税

统一全国房地产税的基本框架和标准区间。在税率上，要使税收发挥实质性作用又不至于使被征收对象负担过重，总体上可采取 0.5% ～ 3% 的税率区间。在税基上，按照房地产市场评估值计税依据，对房产原值一次减除 40% ～ 60% 后的余值计算征收，以体现保障公民基本居住需求的政策取向。在范围上，目前仅对完全产权的城镇住房进行征收，暂不对城镇不完全产权住房和农村住房进行征收。在起征点上，各地居住条件低于平均水平的居民，无须纳税或只需交纳很少的税。提供两种标准，由交税家庭自愿选择对其有利的一种，即按人均建筑住房面积确定起征点，人均建筑住房面积控制在 40 ～ 50 平方米，户均建筑住

房面积控制在 50 ～ 60 平方米。在用途上，地方政府仅提供满足教育、治安和中低收入居民住房保障等公共基础支持。在减免上，对于老、弱、病、残、孤等贫困或者特殊困难，但目前拥有较大面积住房的家庭，制定明确政策标准予以减免。与此同时，对于个人和家庭租和购一定标准之下的个人所得税抵扣，全国性法律也应做出原则性和有区间的规定。另外，统一家庭、个人与企业单位的经营性房产税与新开征的房地产税。公司、单位与个人、家庭拥有的经营或者自住住房，采取统一标准和方法，按住房估值计价征收，税率则以新的房地产税税率为标准。

2. 加强交易环节税收调节

形成支持“住”和抑制“炒”的机制。取消交易环节中与房地产增值税重复的土地增值税。首先，建立随持有期限累退的个人所得税征收制度。自用 5 年以上且是家庭唯一生活用房的交易，免征个人所得税。5 年以内、3 年以上的住房交易，征收 20% ～ 50% 的个人所得税。3 年以内、1 年以上的住房交易，征收 50% ～ 70% 的个人所得税。1 年之内的住房交易，征收 70% 以上的个人所得税。其次，建立根据持有时间长短而累进征收相关交易税的制度。对持有 2 年之内的住房征收出售价格 5% ～ 20% 的交易税；对持有 2 年以上、5 年以内的住房征收出售价格 1% ～ 5% 的交易税；对持有 5 年以上的住房征收出售价格 1% 的交易税。再次，建立差异化的住房租赁所得税减免制度。归并简化出租住房税收，出租住房的个人所得税、房产税以不超过 5% 的综合征收率征收，按规定享受小规模纳税人免征增值税政策，结合契税立法，研究扩大交易环节契税税率浮动区间。根据房地产市场波动，省级政府可以依法调整契税适用税率。

3. 调整开发环节的税负

房地产税征收包括住房所有权和土地使用权的征税，征收的房地产税用于教育和城市基础设施支出。为此，在开发环节，取消与土地出让金重复的耕地占用税，取消城镇土地使用税和城市建设维护税（含教育费附加）税种，将城镇土地使用税、土地增值税、城市建设维护税、教育费附加等一并归入新的房产地税。

4. 重构房地产税收体系

将原来的房地产10项税种通过增减、合并和调整形成新的6项税种，建立由企业所得税、个人所得税、增值税、房地产税、契税和印花税构成的房地产税收体系，进而大大减少重复征收，降低开发和流转环节的税收，增加保有环节的税收。

三、建立差别化税收政策制度，形成取予并举的调节机制

1. 对商品住房消费和投资、投机实行税收调节和抑制

第一，实行市场计价制度。逐步实行财产登记制度，完善房地产价格评估制度。以经过评估的土地使用权和房产的市场价值，作为物业税的计税依据。第二，实行差别税率制度。不同房产在经济活动中的收益不同，所能承受税负的能力也不同，因此，要根据不同房地产的类型设置不同税率。第三，实行累进税收制度。根据持有人住房价值状况，征收差异化和累进制的交易税、契税、土地使用税和个人所得税。对高档商品房根据面积、价值，征收高额累进税、物业税。

2. 对保障住房投资、开发和消费实行税费减免

建立规范的中低收入保障性住房和中等收入普通商品房的用地、开发、借贷、交易、消费（租购）等环节的税费差别化累进优惠制度。根据保障性住房的性质以及购租对象的收入状况，对保障性住房用地、开发、借贷、交易、消费等环节，实行差异化和累进制的交易税、契税和个人所得税等。建立购买保障性住房的所得税抵扣制度和租金个人所得税抵扣制度，从而形成支持“住”的税收正向调节机制。

3. 建立因地制宜的税收政策体系

房地产税是地方税，应从法律上赋予地方政府更大的权限。在共同法律规则基础上，各城市根据市情不同，在税收的具体标准上因地制宜。并根据各城市经济社会发展实际情况不断调整税收政策体系。

四、开征房地产税的意义、风险和路径

房地产税是以具有所有权的房屋及具有使用权的土地为征税对象，向产权所有人征收的一种财产税。作为用益物权的土地使用权可以作为征税的标的物，房地产税是国家以社会管理者的身份取得的税收收入，不受具有地租性质的收益——土地出让金的影响。

1. 开征房地产税的意义

第一，开征房地产税是化解楼市与经济长期风险的制度性举措。2016 年 10 月以来，在从严调控不断加码的作用下，楼市急剧升温趋势得到了控制，通过各方主体博弈和角力，市场进入短暂的弱均衡状态。

但楼市均衡是“刀刃上”的均衡，楼市稳定是“铁令下”的稳定，自2018年4月起，一些城市的楼市又出现反弹的迹象。尽管从2018年7月开始，住建部等七部委联合开展为期半年的治理房地产市场乱象的专项行动，起到了稳定房地产市场的积极作用，但是未来房地产市场风险有进一步扩大之势。首先，基础制度缺失及经济利益机制的扭曲，是导致相关各方推动房地产市场风险扩大的根源。金融机构支持房地产消费和投资的热情没有减弱。地方政府炒地以及刺激房地产过度发展的内在冲动没有减弱。居民投资和投机房地产的动力没有减弱。开发企业冒险投资，其开发动力没有减弱。在外部环境多变和固定资产投资增长乏力等情况下，经济增长依然需要房地产投资带动和保证。要从根本上化解房地产市场风险，实现“房子是用来住的”的定位，就要加快具有关键意义的基础制度改革，即土地、财税和金融制度等改革。其次，房地产行政调控的正副作用此消彼长，加快基础制度改革，建立长效机制刻不容缓。由于基础制度迟迟没有推出，行政调控被迫长期化，到目前为止，严厉的本轮调控政策已经持续一年多，尽管力度逐渐加重，范围不断扩大，但政策效果在边际下降。各类市场主体都存在试图通过各种“创新”措施来变相放松调控的趋势。与此同时，行政调控产生了大量意料不到的问题，导致市场乱象，增加了市场反弹风险；破坏了市场调节机制，导致市场信号失灵和信息失真；扭曲了市场结构，刺激了需求，抑制了供给，造成了市场恐慌。因城施策也造成了“炒房客”向非限购城市的转移，催生了更大范围的城市房地产价格泡沫和数量泡沫。再次，房地产税开征成为多项改革的前置条件。当前，住房制度及其他基础性制度改革都需要以财税制度和财税体制的改革为前提，而财税改革整体启动又需要以房地产税改革为前提。只有成功开征房地产税，才能让房地产税替代土地出让金，让土地财政与土地融资退出；才能让财政回归税收财政，实现财税制度、金融制度和土地制度的回归性改革；才能让基础设施融资回归财政融资，让土地回归生产要素功能。

第二，开征房地产税是楼市与经济稳健发展和持久繁荣的关键性制度。首先，抑制房地产过度投资，支持“住有所居”。由于没有持有税，与其他金融和实业投资相比，房地产投资的成本低而利润高。在一定起征点之上开征房地产税，一方面，支持基本的居住消费需求，另一方面，让投资者承担累进的持有成本，直到相比较其他投资品没有更多的利润可赚，可以抑制房地产过度投资甚至投机需求，从根源上解决房地产泡沫的问题。然后，优化资源配置，提升经济效率。没有持有税，房地产持有没有成本，是导致房地产消费和资源占用过大，资源配置不合理甚至浪费的重要原因。因而，开征房地产税对资源优化配置具有机制性的促进作用。其次，矫正结构失衡，促进经济转型。房地产税缺失导致房地产行业的超额利润，导致社会资金流向房地产，进而导致经济严重房地产化，阻碍科技创新和经济转型升级。开征房地产税使得房地产行业利润平均化，有助于社会资金回归实体经济，致力于科技创新，进而有助于整体经济持续繁荣发展和不断转型升级。再次，优化税收结构，构建更加合理的财税体制。目前，房地产税收结构不合理。交易环节的税种多、税负重，持有环节的税种少、税负低，开征房地产税可以让房地产税收结构更加合理。整体税收结构不合理。直接税比重低，间接税比重高，也造成了企业税负过重问题。开征房地产税有助于提高直接税比重，降低间接税比重，也为企业减负创造条件。中央与地方的税收结构不合理。目前，与房地产相关的税收总计有 23 种，涉及地方的税种有 18 种之多，但除营业税外，大多属于零星小税种，地方财政缺乏主体税种支撑。最后，调整收入分配，实现社会公平和包容发展。对多占用房地产及相关资源者征收累进的房地产税，同时将房地产税收入用在当地公共服务和中低收入住房保障上，进行收入分配的再调节，有助于增加全社会福利，体现社会公平，实现包容发展。

2. 房地产税开征面临着引爆危机的短期风险

在国际经济扑朔迷离和复杂多变的环境里，在国内的宏观经济下行和各种风险多发的背景下，在房地产市场泡沫不断放大和“击鼓传花”持续加速的过程中，开征房地产税可能产生以下风险。

第一，房地产税开征可能引爆楼市风险。首先，从对实际市场的影响看，房地产税开征将加大住房持有人的成本和财务压力，一方面会导致拥有较多住房的家庭抛售住房，另一方面将推迟或减少此前有意向的购房需求，从而在短期内较大限度地导致新房和二手房市场供求关系的逆转。其次，从对市场预期的影响看，楼市泡沫越大，其破灭的概率越大；预期对市场的作用越重要，预期也越容易发生突变。涉及房地产税的相关事项，尤其是开征房地产税有短期内预期逆转风险，可能会加剧房地产市场供求的逆转，导致住房大量抛售，市场严重供大于求，房价剧烈下挫，泡沫破裂。进而引起一些家庭的资产负债表恶化、放弃住房和拒绝还贷，导致大量已售和在售的住房被抛弃；一些开发企业的资产负债表恶化、信贷违约增加和资金链断裂，导致大量在建住房停工烂尾。

第二，房地产税开征可能引发金融乃至经济风险。房地产的资产大幅度缩水、信用大范围违约、不良资产大量增加，将导致金融机构资产负债表急速恶化，呆坏账数量大幅提升，信用大规模收紧和刚性兑付要求增加，可能导致金融资产价格大幅下跌、金融机构破产倒闭和金融市场震荡。进而可能导致大量生产资料被闲置，大批生产企业倒闭，大批工人失业，整个社会生活陷入混乱，引发长期的经济衰退。

第三，房地产税开征可能带来社会和政治风险。房地产税开征涉及千家万户私人利益的直接可见损失，不仅仅是一个利益调整，还是一个强势群体遭受一定损失的利益调整。一方面，它已经遭遇了强烈的抵抗，一些代言人要么质疑征税的合理性，要么渲染征税的风险性，要么裹胁不明真相的普通居民（事实上普通居民住房拥有都在起征点以下），未来存在可能遭到居民集体抵制并演化成严重群体性事件的风险。另一方面，一些相关的立法部门和实施部门也存有畏难情绪。与此同时，开征房地产税对房地产市场的影响具有不确定性，存在着市场过度反应的可能性。2014 年一些城市的房价下跌引发的一系列威胁社会稳定的群体性事件表明，如果开征房地产税将导致房价下跌，处理不好也可能诱发同样甚至更大的群体性事件。楼市、金融和经济问题可能进一步激化社会矛盾，引发社会动荡。

3. 规避短期风险，化解长期风险，开征房地产税的可行路径

第一，正确理解和准确把握总体原则，加快完成各项准备工作，选择合适时机果断开征房地产税。财政部提出“立法先行，充分授权，分步实施”的总体原则，理论上具有合理性，实践上具有合理性和指导意义。其全面内涵为，首先，立法先行，加快立法。基于税收法定的原则，一方面要通过制定全国性法律为房地产税开征创造法理依据，另一方面，不能让立法延误了房地产税开征的时机。为此，要加快立法进程，不能以税收法定和问题复杂为借口，以没完没了的调研拖延时间，应该尽快启动立法程序，并通过立法让各地政府根据房地产市场的时机开征房地产税。其次，充分授权，地方主责。房地产税属于地方税，充分授予地方政府房地产税收的相关立法权，使得地方政府能够根据法律确定总体框架，结合各地发展水平、市场形势等实际情况，确定具体的

征收时间、税率、税基、起征点、减免以及配套方案。同时将房地产税开征与行政性限制措施解除相挂钩，调动地方开征房地产税的积极性。再次，逐步推进，积极作为。鉴于房地产税开征涉及面广、影响大，以及问题的复杂性和不确定性，应采取渐进策略，从对象、范围、力度和速度等方面不断扩大和加码。但是逐步推进不是不推进，如果以“逐步推进”为借口，总是“前怕狼，后怕虎”、瞻前顾后，逐步推进就变成消极应对，必将贻误时机，酿成巨大风险。因此，应积极主动创造开征房地产税的条件，充分利用开征房地产税的机会，一步一个脚印地推进房地产税开征向纵深方向发展。

第二，相机利用房地产税的多重效应功能，保证既抑制楼市短期风险扩大，又最终化解长期风险。房地产税具有多重功能，其中，直接抑制房价过快上涨很重要，但其效果有待观察。终结土地财政和土地融资更为根本，但不能一步到位。因此，相机决定房地产税开征的时机、力度、范围和速度，既可以使房地产市场保持平稳，也可以实现土地财政和土地融资退出，进而为土地、财税和金融三项基础制度改革创造条件。为此，首先，如果房地产税开征对房地产市场影响较大，则保持适中的力度、范围和速度推进，从而优先达到直接抑制房价过快上涨和降低宏观经济风险的效果。其次，如果房地产税开征对房地产市场影响过大，则保持较小的力度、范围和速度推进，优先起到抑制过度投资和房价过快上涨的作用，与此同时，在保证房地产市场平稳的前提下，根据房地产税开征创造的税收条件，让土地财政和土地融资逐渐退出。再次，如果房地产税开征对抑制投资和房价过快上涨影响不大，则可以加大房地产税开征的力度、范围和速度，可以让土地财政和土地融资快速退出，这将为加快基础性制度改革创造更好的条件。

第三，实行仅对新交易或者过户（包括赠予和继承）的非经营性住房家庭开征房地产税的方案。即住房家庭一旦交易或者过户房屋（不管是新建商品房还是二手商品房），将统计买卖双方各自拥有的全部完全产权的住房，分别计价征收买卖双方家庭拥有的起征点以上住房的房地产税。而对拥有存量房但未进行交易和过户的住房家庭暂不征收房地产税。这一方案具有机制性内在稳定器作用。一方面，在开征初期，可以暂时搁置存量住房，避开目前一些存量住房存在的历史问题，使开征涉及面大大缩小，减少开征房地产税的阻力和市场影响。另一方面，以房地产过户作为机制，随着时间的推移，征收范围逐步扩大，经过两代人的时间，房地产税开征可以覆盖全部房产，从而实现渐进式的自动全覆盖。但对于公司和个人的经营性房屋，则直接从房产税转制成房地产税。该方案还有一个重要的稳定房地产市场的机制性作用，即确保不会因为房地产税开征而引发市场恐慌。因为如果房地产不交易、不过户，则目前拥有的存量住房不管多少均暂不征收房地产税；如果持有住房交易和过户，才要统计购买双方拥有的住房存量，开征起征点面积以上的房地产税。

第四，多项配套措施并举，为房地产税开征提供思想、组织、舆论和机制保障。首先，建立房地产市场状况与房地产税开征挂钩机制，率先在房价上涨过快的城市开征房地产税。然后，建立房地产税开征的适应性预期。在开征之前，多推出几轮房地产税将要开征的信息和报道，让市场对房地产税的概念逐步适应，从而避免房地产税开征引起市场过度恐慌。其次，凝聚开征房地产税的最大共识。在开征前后，广泛开展政策宣传和舆论引导，阐释开征房地产税的合理性，阐释房地产税对防止经济问题恶化与金融风险加剧的关键作用，对实现制度变革、机制重构和体制转换的关键作用，对促进经济转向高质量和可持续发展的重大意义，以转变观念，统一认识，提振信心，坚定决心。再次，把房地产税改革作为政治任务。要求各级领导干部和全体党员讲政治、顾大局，率先垂范。各级党组织开展深入细致的思想政治工作，确保所在企业、单位、社区的家庭自觉缴纳房地产税。最后，建立缴纳房地产税的激励约束机制。不仅对欠缴和不缴纳税款的纳税人进行经济惩罚，而且将其纳入社会信用体系的不良信用名单，使其在一系列社会经济活动中受到一定限制。

第四节　完善财政制度，建立财政调节机制

低收入城镇居民的住房保障等需要财政补贴，而城市化带来的人口空间转移，要求公共需求与之匹配。但目前财政体制导致住房等公共财政投入总体不足，新老市民不均，不同空间不等，导致三、四线城市供给过剩，一、二线城市供给不足，损害了“住”，助长了一些城市的“炒”。因此，要建立“差别补贴、财政兜底、央地共担、钱随人走”的财政制度。

一、建立“差别补贴”制度，形成“财政兜底”的机制

1. 建立商业性和政策性金融机构从事保障性住房业务的财政补贴制度，对融资进行财政补贴

第一，对于公积金贷款、全国住房抵押银行贷款及住房储蓄银行对中等收入保障对象购买和自建普通商品房进行低息和无息优惠贷款，政府给予贴息支持；第二，通过财政投入建立和运行政策性抵押担保公

司，对保障对象购房提供担保和保险。

2. 建立对于公购房开发和公租房开发与运营的政府补贴制度，对保障性住房开发进行财政补贴

根据住房层级和保障对象层级确定有差别的开发和经营的补贴标准。

3. 完善包括城镇新市民在内的租购消费住房财政补贴制度，对租购进行财政支持

根据住房层级和保障对象层级确定有差别的租购补贴标准。同时将新市民纳入租购住房财政补贴范围，让其与城镇户籍居民一样，根据收入享受不同程度的住房保障补贴，形成财政兜底机制。

二、建立“央地共担”制度，形成“钱随人走”的机制

1. 中央政府财政权利和责任

第一，增加中央政府公共服务的分担份额。进一步提高中央向城市扩大转移支付和税收返还比例；进一步提高基本公共服务的全国统筹，将基础教育、住房保障、医疗保险、社会保障的部分项目实行全国统筹。第二，负责保障性的建设部分补贴，负责保障对象住房消费的部分补贴，进一步提高住房保障等中央支出比重。第三，实行土地出让金中央和地方分成制度，土地出让金主要上交中央，结束地方政府依赖土地出让金的土地财政制度。第四，建立社会保障和公共服务随人口转移的制度，包括中央向城市提供保障性住房转移支付规模与城市接纳新市民规模挂钩的制度。第五，建立城市行政级别及财政收入与基础设施及公共服务的上级财政投入倒挂钩制度，形成基础设施和公共服务城市间均等化机制。

2. 地方政府财政权利和责任

第一，地方政府负责投资、建设、出售、出租、物业管理的收费减免，负责保障对象支付能力的差额补贴，负责部分公共租赁房的建购投资和租赁补贴，负责基础设施配套和公共服务的提供。第二，提高地方政府的财政分成比重。第三，建立税收财政制度。将房地产税作为中国地方税主体税种加以精心培育，使房地产税成为城市政府税收收入主要来源。同时增加地方在增值税和所得税上分成的比例。第四，建立因地制宜的财政补贴制度。根据大、中、小城市等市情不同，建立不同的财政补贴方案，并根据各城市经济社会发展的实际情况不断调整。

三、建立土地出让金中央与地方分成制度，形成卖地自我约束机制

根据地租理论，对于国有土地收益，中央政府分享绝对地租，地方政府分享级差地租一，土地使用者分享级差地租二。因此，在推出开征房地产税、进行财税体制改革、调整市政债券融资等制度的同时，通过调整中央与地方的土地出让金收益分配比例和形式，让土地财政和土地融资退出。

在 1992 年之前，有关土地出让金的分配比例是中央占大头（60%），地方占小头（40%）。1992 年后的分配比例是中央占小头（5%），地方占大头（95%），在实际操作中地方占 100%。

建议未来将土地出让金纳入一般预算范围，土地出让金的分配比例重回中央占大头，地方占小头，这一比例调整为中央占 60%，地方占 40%。指定用于全国与地方基础设施和公共服务的支出，包括住房保障

支出。从而结束地方土地财政对土地出让金的依赖，进而抑制地方的炒地冲动。

第五节　健全政府住房管理体制，形成协同制衡工作机制

要实现对楼市科学、有效的调控、监管和保障，保证政策及时落地、不走样并及时调整，从而实现市场稳健发展，关键是完善调控、监管和保障的制度与机制，并使之规范化、制度化、常态化。而完善制度和机制的基础是建立和完善体现区域性特色的、多层次的政府市场监管、宏观调控和住房保障体系，需要完善组织架构和问责制度、落实主体责任、健全考核制度。

一、完善地方主责制度，建立中央督导机制

完善行政责权体系和相关制度，形成上下政府间令行禁止的运行机制和约束激励机制。

1. 完善中央政府的督导责任制度

首先，中央政府负责全国住房法律与政策的制定、规划的编制。其次，负责全国房地产和住房发展的监测，建立住建部及相关部委对全国主要城市房地产市场、投资、金融、土地等健康状况的监控制度体系。再次，负责监管地方政府对中央规划、政策和法律制度的落实情况。中央负责承担保障性住房的公共服务责任（包括对落后地区提供转移支付），包括保障性住房投资、融资、建设、租售、物业管理等税收优惠，

负责政策性住房银行和金融机构投资和融资，负责部分公租房、廉租房的补贴。最后，负责对地方工作责任的问责和奖励。中央政府负责向相关城市发出市场风险提示，通过约谈等方式提出建议和指示，兑现对地方政府工作奖惩的承诺。

2. 健全地方政府的主体责任制度

首先，省级政府负责法规和政策的总体落实、全省的住房保障规划编制、低收入家庭住房保障的资金支持，承担全省保障性住房的公共服务责任；其次，市、县政府负责执行全国的住房法律、制度、政策和规划，接受上级政府的督促和监督，制定本地的住房政策，编制辖区的住房保障规划，监督当地住房市场，为当地保障性住房提供公共服务。

二、完善部门分工制度，建立协同制衡机制

完善行政责权体系和相关制度，形成横向部门间协调配合的运行机制和约束激励机制。

1. 完善主管领导统筹决策制度

成立住房领导小组或者委员会，建立领导主管、集体决策的制度。建立完善职能部门向主管领导的情况报告与决策请示制度。相关部委适时将市场监控情况向协调小组报告。

2. 完善相关职能部门分工负责制度

明确政府内部的领导责任、主体责任和主要责任，政府主要领导或分管领导负有领导责任，住建行政部门负有牵头和主体责任，住房相关

部门负有相关领域的主要责任以及配合行动责任。

3．建立相关职能部门协调配合制度

形成部委协同管理的机制。建立与房地产调控相关的财政、税收、土地、金融相联动的制度，建立和完善相关部门定期会商和临时会商机制，完善相关部门之间的信息通报和决策沟通机制。

三、完善监督考核制度，建立奖惩问责机制

1．完善监督考核制度

建立综合的考核指标，制定科学的考核标准。将住房的“经济调控、社会保障、市场监管”纳入各级政府及其相关部门的工作职责、任务和目标的监督与考核范围。按照新发展理念和政府职能的要求，建立全面、综合的考核指标体系和科学的监督与考核标准。由上级政府主管部门及各级党政监督部门负责监督考核。

2．建立奖惩问责机制

建立行政问责机制和绩效奖惩机制，兑现政绩考核的承诺。结合《党政领导干部选拔任用工作条例》的有关规定，对考核合格的干部给予表彰奖励、提拔重用；对工作失误、失职造成损失的干部，要实行严格问责制；对违法违纪行为，要依法、依纪严肃处理；对于考核不合格的地区，暂停该地区被问责官员的职务晋升。

第八章　基础性制度与长效机制建设的战略和策略

基础性制度和长效机制的建设目标是建设新生制度，并最终形成较为严苛的机制。这面临特殊国情，涉及基础性制度改革，关系到重要利益调整，充满复杂性、艰巨性和不确定性。因此，这将是一个长期推进的过程。与此同时，基础性制度和长效机制不是一劳永逸、一成不变的，必须随着时间、条件的变化而不断丰富、发展和完善。因此，长效机制建设永远在路上。

基础性制度和长效机制要达到“阻力小、成本低、进展快、效率高”的效果，需要坚持“统筹布局，分期实施，长短结合，标本兼治，重点突破，整体推进”的方针，需要审时度势地制定合适的“时间表”和选择正确的“路线图”。

第一节　基础性制度和长效机制建设的时间表

“长效机制建设”需要条件，更需要力量。市场形势好，有条件但没有动力和压力。市场调整期，风险增加，但有动力和压力。相比较而言，没有退路的时刻才是改革的“最佳时间窗口期”，应该立即启动房地产稳健发展的长效机制建设工程。根据中共十八届三中全会制定的建立成熟定型的社会主义市场经济体制时间表，以及经济社会发展与住房发展的现实需求，住房基础性制度和长效机制建设的时间表如下。

一、到2020年住房行政管理的基础性制度和长效机制全面建成

1. 住房行政管理的总体制度和机制基本形成：全面建成涉及行政管理的住房制度和机制

重点建立和完善新的住房产权、分配和消费制度，积极探索和试点新的住房开发、交换制度；重点建立和完善财政、税收等长效调节机制，积极探索和试点金融、土地调节机制，建立和完善多层次住房管理体制。

2. 住房行政管理的核心制度和机制基本确立

全面建立涉及住房行政管理的核心制度，重点完善安居保障制度体系，初步建成有政策调节的乐居住房制度体系，同时积极试点和探索中等收入居民市场与保障相结合的康居住房制度体系。

3. 住房行政管理的配套制度和机制基本确立

重点推进涉及行政管理的财税体制、收入分配、行政管理、金融、户籍、土地等方面关键环节的改革，同时积极试点和探索财税体制、收入分配、行政管理、金融、户籍、土地等深层次制度改革。

4. 主要城市住房行政管理的基础性制度和长效机制基本确立

长效机制建设的主体在地方，尤其是热点城市，因此，2020 年主要热点城市的支撑房地产平稳发展的基础性制度和长效机制应该建立。

二、到 2025 年综合基础性制度和长效机制全面建成

1. 住房总体制度和机制全面形成

继续完善新的住房产权、分配和消费制度，重点建立新的住房开发、交换制度；继续完善多层次住房管理体制，重点建立财政、税收、土地、金融等长效调节机制。

2. 住房核心制度和机制全面确立

继续完善廉居保障制度体系和安居保障制度体系，重点建立有政策调节的乐居住房制度体系和市场与保障相结合的康居住房制度体系。

3. 住房配套制度和机制全面确立

重点推进财税体制、金融、土地、税收等深层次的制度改革。

第二节　基础性制度和长效机制建设的路线图

一、率先建立行政制度和调控机制

阻止住房和房地产问题进一步恶化，推进基础性制度和长效机制建设，需要走“以时间换空间”路线。果断实施“止血性”临时性行政管制制度，尽快形成政府工作市场管理和内部管理的工作机制。

1. 以阻止恶性循环为目标，果断实施行政管制制度

通过实施行政管制制度和政策，抑制住房市场局势进一步恶化，为深化住房改革争取时间和空间。第一，对住房市场投机猖獗的城市和地区，实施和完善住房限购、限价以及价格调控的目标责任制等行政管制制度。第二，对土地价格上涨过快的城市和地区，实施和完善土地限价以及价格调控的目标责任制等行政管制制度。第三，对住房价格上涨过快，房贷增长过度的城市，对商业银行实施房贷限额信贷制度。

2. 以发挥市场机制基础作用为目标，逐步废止临时性行政管制制度

将关键市场调节制度的实施与行政管制制度的废除相结合，让市场调节制度作为临时性行政管制的接续制度和政策，逐步废止临时性行政管制制度。第一，将房地产税作为限购政策的接续制度，在房地产税及时推出、保障性住房建设达到 20% 以上比例，以及住房市场相对平稳的城市，取消限购令。第二，将建立住房用地价格上涨的牵制制度，作

为临时性行政限价拍地的接续政策，在保障性住房用地比例达到要求比例以上、地价相对平稳的城市，实行自由竞争的拍卖制度。第三，当包括住房金融在内的金融制度体系相对健全，利率实现完全市场化后，取消商业银行信贷额度限制政策。第四，当财税、土地、金融制度体系相对健全、合理后，将住房保障制度由“补砖头”转向“补人头”。

二、随即跟进建立经济制度和调节机制

1. 以弥补制度缺失为目标，率先突破核心制度的改革

通过重点率先弥补核心制度缺失，可以快速矫正主体冲动，扭转住房市场的失衡。第一，将“安居工程”作为核心制度建设的切入点，在大规模保障性住房建设中，迅速构建缺失的安居制度体系，然后逐步扩展范围。第二，将开征房地产税作为核心制度改革的突破口，在先期试点基础上，快速初步建立有房地产税调节的乐居制度体系，然后继续完善体系。第三，将“康居工程”作为核心制度的新关注点，在先期探索的基础上，逐步建立针对“夹心层”家庭的政府与市场相结合的康居制度体系。抓紧建立住房市场充分竞争、供求平衡、市场定价的一系列调节机制。

2. 以攻克制度失序为目标，依序跟进配套制度的改革

实施依序整体推进路径战略，建立有序的配套制度体系。一方面，围绕三类住房核心制度的突破，小幅度尽可能快地完善配套制度。包括配套完善与住房保障和住房市场直接相关的财政投入与补贴、税收征收与减免的制度体系；加快探索建立与三类住房相匹配的住房金融市场体

系、机构体系、政策体系；建立相关的土地机制。另一方面，结合基础制度的改革，完善配套制度。首先，加快财税体制改革。同时，加快完善行政管理及政绩考核制度。其次，深化收入分配制度改革，深化金融基础制度的改革。在此基础上，深化户籍和社保制度改革。再次，在前两种改革的基础上，实施城乡土地产权、使用及管理等基础性制度改革。在先期试点基础上，尽快在房价上涨过快的一、二线城市试点开征房地产税。健全政府相关部门对土地、金融和住房市场的监管机制。增加热点城市土地供应指标，减少库存较多城市的土地供应指标。加快启动构建公共财政新体制。

3. 以矫正制度扭曲为目标，适时推出关键制度的改革

鉴于关键制度改革往往需要较长的法律程序，因此，应在完成制度储备和先行试点的基础上，根据市场环境条件、经济社会发展条件、相关制度改革推进的条件，择机适时推出关键制度。第一，深化改革行政管理体制。加快建立住房制度体系，要优先改革和理顺行政管理体制，完善调控的部门和协调机制，完善监管和政绩考核机制，落实调控目标责任制。第二，取消期房销售制度。在住房金融体系逐步完善的基础上，通过先行试点，在房地产市场供过于求、开发商资金相对宽松的时机，取消期房销售制度。第三，改革土地制度。在住房用地价格持续高涨的情况下，尝试推出地价变动的牵制机制；在财税体制和金融制度改革的基础上，改革土地出让金的收益分配制度，实行中央与地方的分成。第四，改革房地产开发制度。在城乡土地制度市场化改革和住房金融体系完善的基础上，将土地开发与住房开发分离，形成基金主导、多元开发的格局。第五，允许部分小产权房合法租售。在改革城乡土地制度征用、有偿转让制度和用途管制制度的基础上，对于符合城乡建设用

地用途规划的小产权房，办理土地国有化手续，补交合理的土地出让金，可以补办完全产权手续，合法进行出租出售。

4. 以克服制度模糊为目标，持续完善具体制度的改革

针对一些合理制度普遍存在的模糊、抽象和粗糙的问题，需要给予持续细化、不断完善、及时调整。第一，在核心制度方面，细化和完善租房市场的相关制度，细化和完善安居住房投资、融资、建设、配租配售、进入退出、资产管理的制度，不断细化和完善康居住房体系的财政补贴、税收优惠制度。第二，在配套制度方面，不断细化和完善金融、财税、土地、户籍、收入分配等具体制度，不断丰富和细化宏观调控和市场监管的具体制度。

三、加快制定法律法规，构建“只住不炒”的法律机制

1. 制定并实施房地产与住房新法律

制定并实施房地产税收法、住房租赁法和住房保障法等法律和行政法规。建立税收调节机制，承租人保障机制，保障性住房发展的激励、保护、约束机制。

2. 修改并实施房地产与住房旧法律

修正《中华人民共和国城市房地产管理法》《中华人民共和国土地管理法》《住房公积金管理条例》等法律、行政法规，建立土地和住房市场的充分竞争机制。建立住房政策金融对住房保障的激励和约束机制。

3. 修改并实施房地产与住房上位法律

目前，我国与房地产相关的上位法律包括《中华人民共和国民法通则》《中华人民共和国刑法》《中华人民共和国物权法》等。可借鉴德国经验，修改刑法法律。明确界定炒房和炒地的程度，根据其程度确定违法或犯罪程度，分别给予罚款或者判刑，形成法律惩戒机制。

第三节　基础性制度和长效机制建设的风险与防范

在经济形势错综复杂、楼市脆弱震荡、价格泡沫高悬、预期敏感易变的背景下，基础性制度和长效机制建设可能在多个领域带来“并发”和“次生”风险，需要采取策略性应对措施。

一、基础性制度和长效机制建设的“次生”风险

1. 住房制度改革的四种风险

发展租赁住房主要是解决住房存量而非增量，是完善住房体系之标而非建设长效机制之本。第一，租赁制度作为长效机制建设的主要任务，“避重就轻”可能贻误化解楼市风险的良机；第二，“租售同权”，有导致当地居民与外来居民在教育、医疗等公共服务的利益冲突和引发群体事件的风险；第三，鼓励发展大型住房租赁企业的制度创新，有导致租赁市场供给方垄断和房租价格高涨的风险；第四，多主体住房供应体系制度，有导致小产权房合法、分配不公的单位福利房制度复活、国

有企事业单位利用权力介入开发市场等乱象丛生的风险。

2. 土地制度改革的三种风险

第一，“三块地”改革[①]打开土地兼并“潘多拉之盒”。利用集体建设用地开发经营租赁住房，打开了农地改革之门，但“三块地”改革为社会资本与农村集体组织合谋和巧夺农地提供了可能。其有可能导致农民失利、失地、失业、失保，耕地与环境保护失控，基层政府腐败和治理软化，群体性事件频发和社会动荡加剧。第二，在住房用地上“以租代售”导致土地市场乱象。在目前集体建设用地和国有土地开建租赁房规则模糊的情况下，租赁供给方利用无限期租赁等手段，操作“以租代售”或者“自持转售”，可能刺激集体建设用地上的房地产开发潮，助长房地产企业钩地“寻租套利”，加剧楼市波动。第三，多主体供地导致改革目标出现偏差。允许国有企业、事业单位、政府机关等利用自有土地或者申请土地建设租赁房，而这些权力机构的参与可能使制度异化和固化，从而导致改革目标出现偏差，产生新的分配不公。

3. 财税体制改革的三大风险

财税体制改革涉及重大利益调整，易产生风险。第一，地方财政制度改革带来财政与债务危机：一方面，集体建设土地直接入市，土地出让金减少，将瓦解现行土地财政制度，导致城市政府财政收入下降和政府土地潜在资产大幅减少。另一方面，保障性住房和租赁住房开发经营的政府补贴以及“租售同权”等制度，加重城市政府财政支出，从而双重扩大地方政府财政风险和债务风险。第二，央地财权调整可能影响

① “三块地”改革为农村土地征收、集体经营性建设用地入市，以及宅基地制度改革。

政权稳固和国家安全。在目前财政收入增幅下降和多国竞相降税的背景下，以扩大住房及全国统筹相关公共服务，提高新老居民住房及相关服务均等化水平，将增加中央财政支出比重。与此同时，提高地方税收收入在全部收入中的占比，中央政府将面临收支困难与债务加重，进而财权和政权受到削弱的风险。第三，房地产税开征是住房制度改革的最大风险。房地产税具有抑制投资、优化资源配置、优化税收结构、支持财税体制改革、调整收入分配等多重意义。但房地产税开征可能让千家万户私人利益直接可见受损。一方面，存在可能遭到居民集体抵制并演化成严重群体性事件的风险；另一方面，涉及房地产税的相关事项尤其是开征房地产税，有短期内预期逆转，导致楼市剧烈下挫和泡沫破裂的风险。

4. 金融制度改革的三种风险

第一，银行信贷制度创新潜藏着目标出现偏差的风险。商业银行创新的两项信贷制度——“存房贷”有可能帮助持有住房的房东套现，成为再购房的“首付贷”或投机资本，而“租房贷”有可能演化成开发企业的“曲线开发贷”和租房者购房的“首付贷”或投机资本。无论是考虑不周还是故意所为，住房租赁金融创新的疏漏将加剧租赁市场和金融市场风险。第二，证券化等直接融资制度创新带来潜在风险。金融监管部门已经开启房地产证券化之门。一方面，众多非金融机构正以从事长租公寓等项目的名义申请大规模的证券化融资。另一方面，众多金融机构正以支持长租公寓的名义大规模地提供证券化资金支持。但如果这些融资转成与租赁住房不相关的投资、投机，或者租赁项目没有市场潜力，不仅会使投资者承受巨大利益损失，而且将助长投机炒作。第三，其他融资制度的创新可能带来风险。打着国家支持租赁住房的“招牌”，一些金融机构和非金融机构有可能借鉴之前投资销售住房的套路，通过互联网金融、资管计划等手段和工具，从事与租赁市场相关和不相关的投机。

5. 改革不当操作的三大风险

第一，缺乏配套与协同带来“次生”风险。多主体供应住房与土地制度改革，但市场监管制度缺位可能导致市场乱象。“租售同权”制度推进，农业用地直接入市推进，但农村集体组织治理结构、集体建设用地收益调节制度、财税体制、房地产税没有进展，将导致地方政府财政和债务风险。住房租售直接金融改革加快，而金融监管改革迟迟不动，可能引发金融风险。第二，过于猛烈或密集的改革可能导致泡沫破裂。土地制度与房地产税两项重大制度改革，会带来利益机制的重构和预期产生实质性变化，动作过快、过大有可能导致市场泡沫的破裂。而多项改革措施同期密集出台，导致制度效应叠加，市场可能难以承受和消化。第三，政策推出时机不合时宜，改革措施与政策调控不协调可能导致风险加剧。当前市场脆弱、预期敏感，在经济下行、楼市调整和预期悲观严重时，推出房地产税等对需求有负面作用的改革措施，会加剧泡沫破裂风险。而楼市上行和预期乐观时，推出融资制度改革措施，将推动泡沫扩大；改革措施与政策调控若出现失调，在改革相关举措推出时，调控政策力度过严或者过松，调控政策调整过于超前或者滞后，都可能导致市场震荡和风险加剧。

二、改革住房制度“次生”风险的防范

政策调控转向长效机制建设，在化解楼市风险的同时防范改革的

“次生”风险，需要采取以下对策。

1．设计缜密方案，确保制度改革和机制建设不出“偏”与“少”漏洞

坚持方案设计的独立性和科学性，深入调查研究和科学论证，力避被利益相关者俘获，制定目标正确、边界清晰、结构缜密、制衡有效的顶层设计和实施方案。对市场主体的制度创新要保持热忱和清醒，既支持大胆探索又及时监控、纠偏并提出配套措施。认准以下目标坚决改革：第一，要把重要、紧迫的土地和金融制度作为突破口果断变革。对住房金融和土地市场主体的资格条件和行为规则做出清晰界定。对土地和金融领域的市场与政府调节的长效机制和基础性制度规则做出缜密设计。尤其要设计集体建设用地收益分配和居民利益保护的缜密刚性的规则。第二，要把带动广泛的租赁制度作为主线索统筹建设。对多元化的住房租售市场主体的资格条件和行为规则做出清晰界定。在土地和住房租售市场上，建立缜密的严禁“以租代售”和“自持转售”的法律、制度和规则。第三，要把关键和根本的财税体制改革作为主堡垒进行持续攻坚。通过增加中央支出和事权，扩大地方税收增量，增加直接税负，降低间接税负，改革转移支付方式，建立财权与事权对称的央地财税体制。第四，要把意义多重的房地产税制度作为风向标稳步推进。通过设计合适起征点，先从新交易住房的家庭开征，然后逐步实现征收全覆盖，建立房地产税征收制度。

2．注重策略方法，防范制度改革与机制建设“次生”风险

第一，“明修栈道，暗度陈仓”。通过建立住房租赁制度体系，瓦解旧的住房、土地、金融、财税制度体系，同时建立新的住房、土地、金融、财税制度体系。第二，运用“五行相生相克”。用税收财政和多

元化市政融资体系建设，改革土地财政制度。以集体经济组织股份制改造和治理结构完善，集体建设用地收益调节机制，配套“三块地”的改革。以开征房地产税等地方税，支撑央地财税体制改革。以多主体的住房和土地供给主体监管制度的建立，推进多主体住房与土地供应制度的建立。以金融监管制度建设匹配、创新多渠道的直接融资制度。第三，尝试“政策变制度”。通过先出台短期调控政策，然后在实践中日臻完善，进而使短期调控政策动态化和机制化，最后转变为长期制度规则，让改革从剧烈的转轨变成平稳的变轨，从而减少改革的市场和预期的震荡。第四，开展“思想政治工作”。在开展像征收房地产税等涉及广泛利益调整的改革之前，一方面，通过多重意义的舆论宣传和说服教育来转变观念；另一方面，将改革作为政治任务，要求领导干部讲政治、顾大局，率先垂范，各级党组织做好深入细致的工作。

3. 坚持三位一体，确保市场始终处在基本稳定状态

第一，妥善管理和充分利用市场预期，用预期管理来减少政策调整和支持制度改革。首先，将预期作为房地产调控的重要观测目标。进一步完善房地产调控机制，根据市场形势和预期的变化，及时做出相机决策。其次，充分利用2025年前总体乐观的预期，房地产泡沫轻易不破的短暂窗口期，加快推进住房制度改革和长效机制建设的工作。再次，研究和利用住房供应、“三块地”、房地产税、证券化等制度改革的预期影响及作用机制，适时、适度释放改革信号，防范预期过度反应。同时建立不虞事件稳定和引导预期的应急响应机制。第二，持续保持调控政策的韧性和机制化，用韧性调控来支持预期管理和制度改革。在政策上坚持支持“住”，抑制“炒”的调控政策不放松，根据住房供求关系和价格波动决定政策松紧，将住房的供求关系和价格波动与土地、金融

和住房的潜在供给相关联，让调控更加敏感、有效。坚持持续调控，在楼市过热的制度机制没有根本改变前，房地产行政调控不能解除。加快调控机制化，完善住房、土地、金融市场的跟踪监测系统，根据监测结果和分析预判的市场变化程度，自动做出适时、适度的政策调整。第三，加快推进独立缜密的改革方案出台。加强改革方案的科学研究和缜密设计，及时修补制度漏洞。坚守改革方案的独立性，力避方案被利益相关者俘获或者在利益相关者博弈的妥协中出偏。正确把握舆论导向，坚决打击散布虚假信息、恶意炒作等违法违规行为。第四，把握改革、调控和预期管理的平衡，确保市场始终保持基本稳定。通过韧性的调控，迫使博弈各方减少异动，让市场趋向基本平稳和期望的状态。通过制度和利益机制改变，可以让脆弱易变的预期转向稳定、可靠，用改革后建立的新制度和新机制接续之前的临时性调控政策。

第四节　基础性制度与长效机制建设的保障

推进长效机制建设这项艰巨任务，同样也需要机制保障，需要构建运行机制、激励机制、倒逼机制和问责机制。

一、建立基础性制度与长效机制建设的运行机制

做好基础性制度与长效机制建设的顶层设计，需要明确基础性制度与长效机制建设的阶段目标，完善基础性制度与长效机制建设的组织架构，分解基础性制度与长效机制建设的总体任务，落实基础性制度与长效机制建设的主体责任，完善基础性制度与长效机制建设的监督体系。

二、建立基础性制度与长效机制建设的激励机制

1. 实行先建多得的激励制度

允许并让先行先试的部门、地区和单位先得和多得收益，比如以房地产税开征取代行政限购，调整中央与地方土地出让金分成区域，调整中央与地方税收分成比例等。

2. 实行提前完成任务的奖励制度

对于基础性制度与长效机制建设完成较快和较好的城市和区域，一是结合党政干部考核任用规定，将其列入提拔升迁的优先考虑范围；二是中央对相关城市和区域的住房相关方面的项目审批和转移支付给予优先考虑。

三、建立基础性制度与长效机制建设的倒逼机制

1. 实行问题倒逼制度

建立责任状制度，形成失职惩罚机制。建立问题严重者先行制度，建立问题倒逼机制，哪个部门和地区问题严重，哪个部门先行。

2. 采取倒计时制度

形成时间倒逼，要求相关区域和部门在规定时间内完成任务。

四、建立基础性制度与长效机制建设的问责机制

结合《党政领导干部选拔任用工作条例》的有关规定，对考核合格的，给予表彰奖励、提拔重用。对工作失误、失职造成损失的，要严格实行问责制，依法依纪严肃处理。对于当年考核不合格的地区要求进行限期整改，暂停该地区被问责官员的职务晋升。对于工作落实者实行末位淘汰制度，兑现政绩考核的承诺。

参考文献

［1］蔡继明．中国土地制度改革论要［J］．东南学术，2007（3）．

［2］陈峰，张妍．我国房地产长效机制的构建困境与若干建议［J］．学习与探索，2018（2）．

［3］陈小亮，李三希，陈彦斌．地方政府激励机制重构与房价调控长效机制建设［J］．中国工业经济，2018（11）．

［4］丹尼尔·W．布罗姆利．经济利益与经济制度：公共政策的理论基础［M］．陈郁，郭宇峰，汪春，译．上海：上海三联书店，1996．

［5］邓郁松，邵挺．2020—2050年中国城镇住房市场发展趋势与目标［J］．发展研究，2018（9）．

［6］丁任重，倪英．我国农村土地制度改革问题研究［J］．学术研究，2008（1）．

［7］丁如曦，倪鹏飞．房地产市场调控优化及深化改革：目标原则与路径找寻［J］．改革，2018（10）．

［8］冯金宝．改革开放以来中国农村土地制度研究述评［J］．安徽农业科学，2006（24）．

［9］辜胜阻，杨嵋，郑超．房地产基础性制度和长效机制的战略思考［J］．江淮论坛，2018（2）．

［10］贺京同，徐璐．主体行为、预期形成与房地产市场稳定［J］．浙江大学学报（人文社科版），2011（5）．

［11］贾康，郭建华．新时代包容性房地产经济制度构建研究［J］．中央党校学报，2018（2）．

［12］R. 科斯，A. 阿尔钦，D. 诺斯．财产权利与制度变迁［M］．刘守英，译．上海：上海三联书店，1994．

［13］孔祥建．土地产权明晰化是农村土地制度改革的最终选择［J］．农业经济，2008（9）．

［14］况伟大．预期、投机与中国城市房价波动［J］．经济研究，2010（9）．

［15］李恩平．中国城市土地制度改革回顾与展望［J］．改革与战略，2010（5）．

［16］梁云芳，高铁梅，贺书平．房地产市场与国民经济协调发展的实证分析［J］．中国社会科学，2006（3）．

［17］吕江林．我国城市住房市场泡沫水平的度量［J］．经济研究，2010（6）．

［18］马小刚．土地出让制度对房地产市场绩效影响机制研究——基于制度—行为—绩效原理［J］．建筑经济，2009（1）．

［19］倪鹏飞．构建支持“住”抑制“炒”的房地产市场［J］．紫光阁，2017（1）．

［20］倪鹏飞．中国住房发展报告2010—2011［M］．北京：社会科学文献出版社，2011．

［21］倪鹏飞．中国住房发展报告2011—2012［M］．北京：社会科学文献出版社，2011．

［22］倪鹏飞．中国住房发展报告2012—2013［M］．北京：社会

科学文献出版社，2012.

［23］倪鹏飞. 中国住房发展报告2013—2014［M］. 北京：社会科学文献出版社，2013.

［24］倪鹏飞. 中国住房发展报告2014—2015［M］. 北京：社会科学文献出版社，2014.

［25］倪鹏飞. 中国住房发展报告2015—2016［M］. 广州：广东经济出版社，2016.

［26］倪鹏飞. 中国住房发展报告2016—2017［M］. 广州：广东经济出版社，2017.

［27］倪鹏飞. 中国住房发展报告2017—2018［M］. 广州：广东经济出版社，2018.

［28］倪鹏飞. 中国住房发展报告2018—2019［M］. 广州：广东经济出版社，2019.

［29］倪鹏飞. 中国住房制度的目标设计和深化改革［J］. 经济社会体制比较，2017（2）.

［30］倪鹏飞. 中国住房：制度缺陷、行为冲动与市场失衡［J］. 价格理论与实践，2015（4）.

［31］沈悦，刘洪玉. 住宅价格与经济基本面：1995—2002年中国14城市的实证研究［J］. 经济研究，2004（6）.

［32］宋家宁，张清勇. 国内城乡结合部土地利用研究综述［J］. 中国土地科学，2009（11）.

［33］王爱俭，沈庆劼. 人民币汇率与房地产价格的关联性研究［J］. 金融研究，2007（6）.

［34］吴次芳. 中国土地制度改革三十年［M］. 北京：科学出版社，2009.

[35] 武康平，皮舜，鲁桂华. 中国房地产市场与金融市场共生性的一般均衡分析 [J]. 数量经济技术经济研究，2004 (10).

[36] 杨帆，李宏谨，李勇. 泡沫经济理论与中国房地产市场 [J]. 管理世界，2005 (6).

[37] 杨璐璐. 中国土地供给制度演进轨迹：文献综述及其引申 [J]. 改革，2012 (1).

[38] 叶剑平，李嘉. "住房—土地—财税—金融"四位一体房地产调控长效机制构建研究——基于DSII政策分析框架和ITS模型 [J]. 中国软科学，2018 (12).

[39] 易成栋，李玉瑶. 中国城镇住房制度改革和长效机制建设——基于CMO视角的分析 [J]. 开发研究，2018 (5).

[40] 易宪容. 中国房地产市场的基础性制度研究——基于现代制度经济学的一般性分析 [J]. 江苏社会科学，2017 (5).

[41] 袁志刚，樊潇彦. 房地产市场理性泡沫分析 [J]. 经济研究，2003 (3).

[42] 张晓晶，孙涛. 中国房地产周期与金融稳定 [J]. 经济研究，2006 (1).

[43] 赵永升，黄燕芬. 房地产市场宏观调控的长效机制研究 [J]. 现代管理科学，2017 (12).

[44] 中国城市土地使用与管理课题组. 我国城市的土地使用制度及其改革 [J]. 中国社会科学，1992 (2).

[45] 中国社会科学院财贸所课题组. 建立多层次的中国住房公共政策体系 [J]. 财贸经济，2008 (1).

[46] 中国社会科学院财贸经济研究所"中国住房制度改革研究"课题组. 关于深化城镇住房制度改革的总体设想 [J]. 财贸经济，1997 (12).

[47] 周京奎. 房地产泡沫生成与演化——基于金融支持过度假说的一种解释 [J]. 财贸经济，2006 (5).

[48] Akerlof G A, Shiller R J. Animal Spirits: How Human Psychology Drives the Economy, and Why It Matters for Global Capitalism [M]. Princeton: Princeton University Press, 2009.

[49] Genesove D, Mayer C. Loss Aversion and Seller Behavior: Evidence from the Housing Market[J]. The Quarterly Journal of Economics, 2001.